Research on Economic Thought

第6辑
2023年

主　编　程恩富
　　　　王立胜
执行主编　周绍东

- 列宁对俄国自由主义民粹派主观社会学的批判
- 我国外国经济思想史研究的演变
- 西方经济学与马克思主义经济学学科定位比较研究
- 卡莱斯基的支出配给评述
- 生产结构、分配结构与宏观经济效率
- 政治经济学与社会构成：论批判理论的意义
- 德国历史学派方法论的演进轨迹与当代价值研究
- 西方马克思主义经济学研究的有益借鉴

经济思想史研究

山东城市出版传媒集团·济南出版社

图书在版编目（CIP）数据

经济思想史研究. 第 6 辑/程恩富,王立胜主编;周绍东执行主编. —济南：济南出版社,2023.12
ISBN 978-7-5488-6001-3

Ⅰ.①经… Ⅱ.①程… ②王… ③周… Ⅲ.①经济思想史—研究—世界 Ⅳ.①F091

中国国家版本馆 CIP 数据核字(2023)第 229200 号

经济思想史研究. 第 6 辑
JINGJI SIXIANG SHI YANJIU DI 6 JI
程恩富 王立胜 主编　周绍东 执行主编

出 版 人	田俊林
责任编辑	郑　敏
封面设计	谭　正
出版发行	济南出版社
地　　址	山东省济南市二环南路 1 号（250002）
发行热线	0531-86131728　86922073　86131701
印　　刷	济南新科印务有限公司
版　　次	2023 年 12 月第 1 版
印　　次	2023 年 12 月第 1 次印刷
成品尺寸	185mm×260mm　16 开
印　　张	11
字　　数	200 千
定　　价	58.00 元

（济南版图书，如有印装错误，请与出版社联系调换。联系电话：0531-86131736）

《经济思想史研究》工作委员会

学术委员会(按姓氏笔画排序)
王立胜　（中国社会科学院）
李家祥　（天津师范大学）
周建波　（北京大学）
赵学军　（中国社会科学院）
赵晓雷　（上海财经大学）
荣兆梓　（安徽大学）
逄锦聚　（南开大学）
贾根良　（中国人民大学）
顾海良　（北京大学）
程恩富　（中国社会科学院）
颜鹏飞　（武汉大学）

主　编
程恩富（中国社会科学院）　王立胜（中国社会科学院）

执行主编、编辑部主任
周绍东（武汉大学）

编辑部成员(按姓氏笔画排名)
刘伟杰、邹赛、陈艺丹、拓雨欣、郑敏、潘敬萍

学术支持
中国政治经济学学会
中国社会科学院中国文化研究中心
武汉大学马克思主义理论与中国实践协同创新中心
武汉大学人文社会科学青年学术团队（中国特色社会主义政治经济学话语体系研究）
　　教育部哲学社会科学研究重大课题攻关项目"中国共产党经济理论创新的百年道路与经验总结研究"课题组

目　录

列宁对俄国自由主义民粹派主观社会学的批判／1

我国外国经济思想史研究的演变
　　——基于1998—2019年期刊论文的文献计量分析／32

西方经济学与马克思主义经济学学科定位比较研究／58

卡莱斯基的支出配给评述／81

生产结构、分配结构与宏观经济效率
　　——基于"马克思－斯拉法"型三部类结构表的研究／97

政治经济学与社会构成：论批判理论的意义／120

德国历史学派方法论的演进轨迹与当代价值研究／141

西方马克思主义经济学研究的有益借鉴
　　——评《西方马克思主义经济学新发展——积累的社会结构理论视角》／166

列宁对俄国自由主义民粹派主观社会学的批判[①]

张作云

摘要：以米海洛夫斯基为代表的自由主义民粹派是19世纪后期从俄国民粹主义蜕化出来的与马克思主义相对立的政治派别。为了摧毁马克思主义学说，他们不惜诬蔑、歪曲和攻击作为马克思主义理论大厦基础的唯物主义历史观和辩证方法。列宁对自由主义民粹派主观社会学的批判，不仅揭示了这一学说的唯心主义世界观和形而上学方法论依据及其理论基础唯心主义历史观，而且揭示了自由主义民粹派在俄国产生和发展的认识论根源、社会根源、阶级根源，还指出了自由主义民粹派的主观社会学是代表小生产者、市民小资产者阶级利益的学说，米海洛夫斯基等人是以"人民之友"自居的小生产者和市民小资产者阶级的思想家，是反对俄国社会民主党人、阻碍马克思主义在俄国传播和发展的"最凶恶的敌人"；不仅摧毁了主观社会学的歪理邪说，而且继承、捍卫和发展了马克思的唯物主义历史观，在马克思主义史上写下了光辉的一页。列宁对自由主义民粹派主观社会学的批判告诉我们：作为领导无产阶级革命和社会主义建设事业的共产党人，要实现自己的奋斗目标，就必须坚持唯物主义，反对唯心主义；坚持唯物辩证法，反对形而上学以及以此种方法论为基础的机会主义和折中主义；坚持唯物主义历史观和把一切社会关系归结为起主导和决定作用的生产关系并进行研究的科学方法，反对唯心主义历史观及其以抽象的、

---

① 【基金项目】国家社科基金项目《马克思主义生产关系结构理论及其当代价值研究》（15BKS001）

超阶级的"人性论"为前提的唯心主义历史观的研究方法；坚持人民群众历史观，反对"英雄历史观"；坚持群众路线和群众路线的领导方法及工作方法，反对脱离群众的、任何形式的主观主义、官僚主义和形式主义。

关键词： 自由主义民粹派　主观社会学　唯心主义历史观　马克思主义唯物主义历史观和辩证方法

提起列宁对伯恩斯坦修正主义的批判，不能不想起他对19世纪60年代发展起来的俄国民粹主义，尤其是对19世纪80年代以后从民粹主义中蜕变出来的自由主义民粹派的批判。此时的自由主义民粹派，不仅接受了伯恩斯坦修正主义的衣钵，从中汲取了新的营养成分，而且也在自己的社会实践活动中加以运用；不仅成为伯恩斯坦在俄国的紧密追随者和忠实信徒，而且也堕落为与马克思主义学说相对立的小资产阶级改良主义的代表。他们的理论观点和社会活动，极大地阻碍了马克思主义在俄国的传播和发展，成为马克思主义在俄国的"凶恶敌人"。[①] 列宁对自由主义民粹派的批判，从对自由主义民粹派的批判主观社会学开始。

一、 主观社会学的哲学基础和方法论批判

1894年，列宁写成《什么是"人民之友"以及他们如何攻击社会民主党人?》一书。在这部著作中，列宁严厉地批判了自由主义民粹派的一系列理论观点、经济政策和政治纲领，科学地阐述了马克思主义哲学、政治经济学以及科学社会主义的基本理论，提出俄国无产阶级革命过程中亟待解决的一些理论问题和实践问题，为俄国社会民主党人指明了奋斗目标、历史任务和前进的方向。为了彻底粉碎自由主义民粹派向马克思主义和社会民主党人发动的进攻，列宁釜底抽薪，在本书第一编集中对自由主义民粹派的理论基础——主观社会学进

[①] 列宁全集：第1卷 [M]. 北京：人民出版社，1984：102.

行了深刻的批判。

1894年,《俄国财富》杂志在第1期和第2期发表了自由主义民粹派代表人物米海洛夫斯基的《文学与生活》一文。在这篇文章中,米海洛夫斯基把马克思关于"社会经济形态"这一概念看作是多余的,认为社会经济形态的发展根本谈不上是一种自然历史过程,社会上的"事物有合乎心愿的"和"不合乎心愿的",社会学家的责任就是要"找到实现合乎心愿的事物,消除不合乎心愿的事物的条件","找到实现如此这般理想的条件"。"社会学的根本任务是阐明那些使人的本性的这种或那种需要得到满足的社会条件。""正义"要求有一种组织,凡是不合乎这种理想的组织制度,都是不正常的,应该取消。一种组织制度"合乎心愿"与否、"正常不正常",就是要看它"能否使人的本性得到满足",人的"本性"和"理想"应该成为社会学研究的出发点。①

针对米海洛夫斯基对社会学上的这些规定,列宁进行了严厉的批判。他指出:"社会学家既然认为事物有合乎心愿的,有不合乎心愿的",他的任务就是要找到"实现合乎心愿的事物,消除不合乎心愿的事物的条件",即组织制度,这说明,米海洛夫斯基的社会学依据完全是纯粹先验的、独断的、抽象的议论,是唯心主义的先验论,根本谈不上在社会学领域里有"什么发展","而只能谈由于……由于人们不聪明,不善于很好了解人的本性的要求,不善于找到实现这种合理制度的条件"②,而马克思则"从社会生活的各种领域中划分出经济领域,从一切社会关系中划分出生产关系,即决定其余一切关系的基本的原始关系",并得出"关于社会经济形态发展的自然历史过程这一基本思想,从根本上摧毁了"米海洛夫斯基"社会学自命的幼稚说教",③ 在人类思想史上,"第一次把社会学提高到科学的水平"④。

在批判米海洛夫斯基主观社会学的哲学基础之后,列宁又进一步批判了米海洛夫斯基主观社会学的方法论原则。针对米海洛夫斯基对马克思在创立唯物

---

① 列宁全集:第1卷[M]. 北京:人民出版社,1984:106-107.
② 列宁全集:第1卷[M]. 北京:人民出版社,1984:107.
③ 列宁全集:第1卷[M]. 北京:人民出版社,1984:107.
④ 列宁全集:第1卷[M]. 北京:人民出版社,1984:109.

主义历史观时没有"重新审查（原文如此）一切关于历史过程的著名理论"的责备，列宁反问道："这一理论十分之九都是些什么东西呢？都是一些关于什么是社会，什么是进步等等纯粹先验的、独断的、抽象的议论。"①"要知道，这样的理论，就其存在来说，已经是无用的，就其基本方法，就其彻头彻尾的暗淡无光的形而上学性来说，也是无用的。"②"从什么是社会，什么是进步等问题开始，就等于从末尾开始。既然你连任何一个社会形态都没有研究过，甚至还未能确定这个概念，甚至还未能对任何一种社会关系进行认真的、实际的研究，进行客观的分析，那你怎么能得出关于一般社会和一般进步的概念呢？"③列宁举例说："过去任何一门科学都从形而上学开始，其最明显的标志就是还不善于着手研究事实时，总是先验地臆造一些永远没有结果的一般理论。形而上学的化学家还不善于实际研究化学过程时，就臆造什么是化学亲和力的理论。形而上学的生物学家谈论什么是生命，什么是生命力。形而上学的心理学家议论什么是灵魂。这种方法是很荒谬的。不分别说明各种心理过程，就不能谈论灵魂；在这里要想有所进步，就必须抛弃那些什么是灵魂的一般理论和哲学议论，并且能够把说明这种或那种心理过程的事实的研究放在科学的基础上。"④列宁最后指出：米海洛夫斯基对马克思的责备，"正好像一个在什么是灵魂这个问题上写了一辈子'学术著作'的形而上学的心理学家，连一个最简单的心理现象都解释不清楚，竟来责备一个科学的心理学家，说他没有重新审查所有关于灵魂的著名理论"，真是岂有此理。⑤米海洛夫斯基的社会学不仅是唯心的和先验的，而且也割断了历史，脱离了现实，颠倒了主观与客观的关系，充分暴露出他思想方法上的形而上学性质。

米海洛夫斯基社会学的形而上学方法论还表现在他对俄国社会进行变革的指导思想和具体思路上。1892年，米海洛夫斯基在《俄国思想》杂志第6期发

---

① 列宁全集：第1卷 [M]. 北京：人民出版社，1984：113.
② 列宁全集：第1卷 [M]. 北京：人民出版社，1984：113.
③ 列宁全集：第1卷 [M]. 北京：人民出版社，1984：113.
④ 列宁全集：第1卷 [M]. 北京：人民出版社，1984：113.
⑤ 列宁全集：第1卷 [M]. 北京：人民出版社，1984：113–114.

表了一篇文章,在叙述由他参与编辑的《祖国纪事》的思想时写道:"我们向来把土地属于耕作者和劳动工具属于生产者作为道德的政治的理想。""我国还存在着的中世纪劳动形式已大大动摇了,但我们看不出有什么理由来完全取消这些形式。""我们的任务并不是一定要从本民族内部培育出一种'独特的'文明,但也不是要把西方文明连同一切腐蚀它的矛盾整个儿搬到我们这里来:必须尽可能从各处采纳长处,至于长处是自己的或别人的,那已不是原则问题,而是实际上方便不方便的问题。"① 对于米海洛夫斯基的此种理论观点,列宁进行了严厉的批判。

首先,列宁指出了米海洛夫斯基在人类社会"劳动形式"或人类社会生产关系变革方面逻辑的荒谬性。他指出:"无论什么'劳动形式',只有在它被别的什么形式代替时才会动摇;而我们的这位作者甚至没有(而且他的同道中也没有一个人)打算去分析和说明这些新形式,以及弄清旧形式被这些新形式排挤的原因","看不出有什么理由来取消这些形式","拥有什么手段来'取消'劳动形式",就来"根据一种学说"去"改造社会成员之间的生产关系"。这不仅是逻辑混乱,而且也是异想天开。②

其次,关于改造"劳动形式"即改造人类社会生产关系的思路,列宁指出:米海洛夫斯基无视中世纪"劳动形式"与新的资本主义的劳动形式即两种生产关系的本质区别,也不打算去分析说明资本主义生产关系,弄清中世纪生产关系被资本主义生产关系排挤的原因及其客观必然性,而是"从各处'采纳'长处,""从中世纪形式中'采纳'生产资料归劳动者所有","从新形式(即资本主义形式)中'采纳'自由、平等、教育和文化"。"社会学中的主观方法在这里了如指掌,社会学从空想——土地属于劳动者所有——开始,并指出实现合乎心愿的事情的条件:从四面八方'采纳'长处。"这完全是"把社会关系看作是这些或那些制度的简单的机械组合,看作是这些或那些现象的简单的机械的联接"。他"从这些现象中抽出一种现象,即中世纪形式中土地属于耕作者的现

---

① 列宁全集:第1卷[M].北京:人民出版社,1984:157-158.
② 列宁全集:第1卷[M].北京:人民出版社,1984:157-158.

象，以为可以把它移植到任何别的形式中去，就像一所房子上的砖可以砌到另一所房子上一样。但这不是在研究社会关系，而是糟蹋应该研究的材料"①，这充分暴露出米海洛夫斯基社会学唯心主义和形而上学的折中主义方法论的本质特征。

最后，列宁揭露了米海洛夫斯基社会学的要害。列宁认为，米海洛夫斯基从他的主观社会学出发，把"劳动形式"看作"生产资料"的所有制关系，即把中世纪的"劳动形式看作土地属于耕作者和劳动工具属于生产者"，这就割断了生产资料所有制与生产关系结构整体之间的内在联系。这是因为，中世纪的"劳动形式"——"在现实中这种土地属于耕作者的现象"，并非像米海洛夫斯基所说的那样，"单独和独立地存在着，这不过是当时生产关系中的一个环节，这种生产关系就是土地为大土地占有者即地主所瓜分；地主把这种土地分给农民，以便剥削他们。于是土地好像是实物工资，它为农民提供必需品，使农民能够为地主生产剩余产品；它是一种农民为地主服劳役的手段"②。列宁指出：米海洛夫斯基之所以"没有考察这种生产关系体系，而只抽出一种现象，因而使这种现象完全被歪曲"，是因为"作者不善于考察社会问题"，他"根本没有打算说明当时的'劳动形式'，把这些形式看作一定的生产关系体系，看作一定的社会形态。用马克思的话来说，他根本不懂得辩证方法，而辩证方法要我们把社会看作活动着和发展着的活的机体"③。"他根本没有想到旧劳动形式被新劳动形式排挤的原因问题，于是在谈论这些新形式时便重复着完全同样的错误。在他看来，只要指出这些形式'动摇着'土地属于耕作者的制度（总的来说，就是生产者和生产资料分离）并斥责这多么不符合理想就够了。"④ "他抽出一种现象（土地被剥夺），却没有把它当作以商品经济为基础的另一种生产关系体系的组成部分，而商品经济则必然引起商品生产者之间的竞争，造成不平等，使一部分人破产和另一部分人发财。他指出了多数人破产的现象，却忽略了少

---

① 列宁全集：第1卷[M]. 北京：人民出版社，1984：158.
② 列宁全集：第1卷[M]. 北京：人民出版社，1984：158.
③ 列宁全集：第1卷[M]. 北京：人民出版社，1984：158–159.
④ 列宁全集：第1卷[M]. 北京：人民出版社，1984：159.

数人发财的现象，从而使自己既不能了解前者，也不能了解后者。"①

列宁对米海洛夫斯基的上述批判，实际上是说，由于米海洛夫斯基根本不懂得辩证方法，不能把社会看作活动着和发展着的活的机体，不去研究中世纪封建制生产关系被资本主义生产关系排挤或代替的原因，看不到人类社会发展的客观规律，看不到资本主义生产关系替代中世纪封建制生产关系的必然性，而对新的资本主义生产关系进行斥责，以挽救中世纪封建制生产关系灭亡的历史命运，充分暴露了米海洛夫斯基社会学唯心主义和形而上学方法论的实质，暴露了他的小资产阶级保守主义逆历史潮流而动的劣根性。

二、主观社会学的历史观批判

在批判了自由主义民粹派主观社会学的哲学基础和方法论原则之后，列宁又对主观社会学的理论依据即唯心主义历史观进行了批判。

自由主义民粹派的唯心主义历史观，主要体现在对马克思的巨著《资本论》的歪曲和攻击上，其中以米海洛夫斯基1894年在《俄国财富》杂志发表的《文学与生活》最为典型。马克思《资本论》的研究对象是"资本主义生产方式以及和它相适应的生产关系和交换关系"，②"最终目的就是揭示现代社会的经济运动规律"，③基本观点就是"社会经济形态的发展是一种自然历史过程"。④对于马克思《资本论》的这一基本思想，米海洛夫斯基认为是错误的。他认为，"社会学的根本任务是阐明那些使人的本性的这种或那种需要得到满足的社会条件"。⑤"社会的目的是为社会全体成员谋利益。"⑥社会学家的责任是"找到实现合乎心愿的事物，消除不合乎心愿的事物"，即"组织制度"的条件。⑦至于

---

① 列宁全集：第1卷 [M]. 北京：人民出版社，1984：159.
② 马克思恩格斯全集：第23卷 [M]. 北京：人民出版社，1972：8.
③ 马克思恩格斯全集：第23卷 [M]. 北京：人民出版社，1972：11.
④ 马克思恩格斯全集：第23卷 [M]. 北京：人民出版社，1972：12.
⑤ 列宁全集：第1卷 [M]. 北京：人民出版社，1984：107.
⑥ 列宁全集：第1卷 [M]. 北京：人民出版社，1984：106.
⑦ 列宁全集：第1卷 [M]. 北京：人民出版社，1984：107.

社会经济运动规律,他认为,"只有财富生产才完全受经济规律支配,而分配则以政治为转移,以政权和知识界等对社会的影响如何为转移"。① 对于米海洛夫斯基及其社会学的这种观点,列宁给予严厉的驳斥和批判。他指出,米海洛夫斯基的这种观点,"就是《俄国财富》所属的那个圈子里的政论家和经济学家们喜爱的思想之一",② 是他们这些人"若无其事地继续弹着的"主观社会学"老调",③ 是被马克思的社会经济形态发展理论从根本上摧毁了的陈腐浅陋的道理和幼稚说教。

米海洛夫斯基为了反对和诋毁作为马克思主义理论大厦基础的唯物主义历史观,针对贯穿于《资本论》的历史唯物主义思想问道:"马克思在哪一部著作中叙述了自己的唯物主义历史观呢?"接着,他作出结论:"这样的著作是没有的。不仅马克思没有这样的著作,而且在全部马克思主义文献中也没有这样的著作。"④ 对于米海洛夫斯基的这种武断和结论,列宁针锋相对地指出:"凡是读过《资本论》的人,都知道这完全不符合事实。"⑤ 马克思早在《资本论》第 1 卷第 1 版序言中就明确指出,"本书的最终目的就是揭示现代社会的发展规律","这句话本身就使我们碰到几个需要加以说明的问题。既然马克思以前的所有经济学都谈论一般社会,为什么马克思却说'现代'社会呢?他在什么意义上使用'现代'一词,按什么标志来特别划出这个现代社会呢?其次,社会的经济运动规律是什么意思"?"马克思谈到社会的经济运动规律,并把这个规律"叫作"自然规律,这究竟是什么意思呢"?⑥ 列宁接着说:"发生这些疑问是自然的,必然的;当然,只有完全无知的人,才会在谈到《资本论》时回避这些疑问。为了弄清这些问题,我们且先从《资本论》的同一序言中再引一句话"。"马克思说:'我的观点是,社会经济形态的发展是一种自然历史过程。'"⑦ 列

---

① 列宁全集:第 1 卷 [M]. 北京:人民出版社,1984:105.
② 列宁全集:第 1 卷 [M]. 北京:人民出版社,1984:105.
③ 列宁全集:第 1 卷 [M]. 北京:人民出版社,1984:103.
④ 列宁全集:第 1 卷 [M]. 北京:人民出版社,1984:103.
⑤ 列宁全集:第 1 卷 [M]. 北京:人民出版社,1984:104.
⑥ 列宁全集:第 1 卷 [M]. 北京:人民出版社,1984:105.
⑦ 列宁全集:第 1 卷 [M]. 北京:人民出版社,1984:105-106.

宁继续说："只要把序言里引来的这两句话简单地对照一下，就可以看出《资本论》的基本思想就在于此，而且这个思想"正像米海洛夫斯基所说的那样，"是以罕见的逻辑力量严格地坚持了的"。① 在这里，"马克思说的只是一个'社会经济形态'，即资本主义社会经济形态，也就是他说的，他研究的只是这个形态而不是别的形态的发展规律"，"马克思得出的他的结论的方法"，正像"米海洛夫斯基所说的那样，就是'对有关事实的细心研究'"，② 也就是"从社会生活的各种领域中划分出经济领域，从一切社会关系中划分出生产关系，即决定其余一切关系的基本的原始关系"③。最后，列宁又引出马克思在《〈政治经济学批判〉序言》中的一段经典表述，来进一步说明马克思利用这个方法得出他对这个问题结论的推论过程。马克思说："为了解决使我苦恼的疑问，我写的第一部著作是对黑格尔法哲学的批判性的分析……我的研究得出这样一个结果：法的关系正像国家的形式一样，既不能从它们本身来理解，也不能从所谓人类精神的一般发展来理解，相反，它们根源于物质的生活关系，这种物质的生活关系的总和，黑格尔按照18世纪的英国人和法国人的先例，称之为'市民社会'，而对市民社会的解剖应该到政治经济学中去寻找。我研究政治经济学所得到的结果，可以简要地表述如下：人们在自己生活的社会生产中发生一定的……关系，即同他们的物质生产力的一定发展阶段相适应的生产关系。这些生产关系的总和构成社会的经济结构，即有法律的和政治的上层建筑竖立其上并有一定的社会意识形式与之相适应的现实基础。物质生活的生产方式制约着整个社会生活、政治生活和精神生活的过程。不是人们的意识决定人们的存在，相反，是人们的社会存在决定人们的意识。社会的物质生产力发展到一定阶段，便同它们一直在其中运动的现存生产关系或财产关系（这只是生产关系的法律用语）发生矛盾，这些关系便由生产力的发展形式变成生产力的桎梏，那时社会革命的时代就到来了。随着经济基础的变更，全部庞大的上层建筑也或慢或快地发

---

① 列宁全集：第1卷 [M]. 北京：人民出版社，1984：106.
② 列宁全集：第1卷 [M]. 北京：人民出版社，1984：106.
③ 列宁全集：第1卷 [M]. 北京：人民出版社，1984：107.

生变革。在考察这样的变革时，必须时刻把下面两者区别开来：一种是生产的经济条件方面所发生的物质的、可以像自然科学那样精确地确定的变革；一种是人们借以意识到这个冲突并力求把它解决的那些法律的、政治的、宗教的、艺术的或哲学的变革，简言之，即意识形态的变革。我们判断一个人不能以他对自己的看法为根据，同样，我们判断一个变革时代也不能以它的意识为根据；相反，这个意识必须从物质生活的矛盾中，从社会生产力和生产关系之间的现存冲突中去解释……大体说来，亚细亚的、古代的、封建的和现代资产阶级的生产方式可以看作是社会经济形态演进的几个时代。"① 由此列宁得出结论："社会学中这种唯物主义思想本身已经是天才的思想。"② "是一个第一次使人们有可能以严格的科学态度对待历史问题和社会问题的假设。"③ 这种假设的意义在于：唯物主义的继续深入分析，"发现了人的这些社会思想本身的起源"，消除了人类社会思想与生产关系这一客观事物之间的矛盾，从而使"唯物主义关于思想进程取决于事物进程的结论，是唯一可与科学的心理学相容的"科学的结论。④ 同时，"再从另一方面说，这个假设第一次把社会学提高到科学的水平"。它"提供了一个完全客观的标准，它把生产关系划为社会结构，并使人有可能把主观主义者认为不能应用到社会学上来的重复性这个一般科学标准，应用到这些关系上来"⑤。最后，列宁指出："这个假设之所以第一次使科学的社会学的出现成为可能，还由于只有把社会关系归结于生产关系，把生产关系归结为生产力的水平，才能有可靠的根据把社会形态的发展看作自然历史过程。不言而喻，没有这种观点，也就不会有社会科学。"⑥

正是"马克思在40年代提出这个假设后"，"从各个社会经济形态中取出一个形态（即商品经济体系）""花了不下25年的功夫来研究这些材料"，"对这

---

① 列宁全集：第1卷 [M]．北京：人民出版社，1984：107-108．
② 列宁全集：第1卷 [M]．北京：人民出版社，1984：108．
③ 列宁全集：第1卷 [M]．北京：人民出版社，1984：109．
④ 列宁全集：第1卷 [M]．北京：人民出版社，1984：109．
⑤ 列宁全集：第1卷 [M]．北京：人民出版社，1984：109．
⑥ 列宁全集：第1卷 [M]．北京：人民出版社，1984：110．

个形态的活动规律和发展规律作了极其详尽的分析,这个分析仅限于社会成员之间的生产关系。马克思一次也没有利用这些生产关系以外的任何因素来说明问题,同时却使人们有可能看到商品社会经济组织怎样发展,怎样变成资本主义社会经济组织而造成资产阶级和无产阶级这两个对抗的(这已经是在生产关系范围内)阶级,怎样提高社会劳动生产率,从而带进一个与这一资本主义组织本身的基础处于不可调和的矛盾地位的因素"①,即社会主义因素。

在揭示和论证了马克思运用唯物主义历史观的假设,研究经济社会发展的实际材料,得出"社会经济形态的发展是一种自然历史过程"的结论之后,列宁总结说:"《资本论》的骨骼就是如此。可是全部问题在于马克思并不以这个骨骼为满足,并不仅以通常意义的'经济理论'为限;虽然他完全用生产关系来说明该社会形态的构成和发展,但又随时随地探究与这种生产关系相适应的上层建筑,使骨骼有血有肉。《资本论》的成就之所以如此之大,是由于'德国经济学家'的这部书使读者看到整个资本主义经济形态是个活生生的形态:有它的日常生活的各个方面,有它的生产关系所固有的阶级对抗的实际社会表现,有维护资本家阶级统治的资产阶级政治上层建筑,有资产阶级的自由平等之类的思想,有资产阶级的家庭关系。"②"《资本论》不是别的,正是'把堆积如山的实际材料总结为几点概括性的、彼此紧相联系的思想'"。③ 至此,列宁进一步说道:"如果谁读了《资本论》,竟看不出这些概括性的思想,那就怪不得马克思了,因为我们知道,马克思甚至在序言中就已经指出了这些思想。而且这种比较不仅从外表方面(不知为什么,这一方面使米海洛夫斯基先生特别感兴趣)看是正确的,就是从内容方面看也是正确的。"④ 马克思"推翻了那种把社会看作可按长官意志(或者说按社会意志和政府意志,反正都一样)随便改变的、偶然产生和变化的、机械的个人结合体的观点,探明了作为一定生产关系总和的社会经济形态这个概念,探明了这种形态的发展是自然历史过程,从而第一

---

① 列宁全集:第 1 卷 [M]. 北京:人民出版社,1984:110-111.
② 列宁全集:第 1 卷 [M]. 北京:人民出版社,1984:111.
③ 列宁全集:第 1 卷 [M]. 北京:人民出版社,1984:111.
④ 列宁全集:第 1 卷 [M]. 北京:人民出版社,1984:111.

次把社会学放在科学的基础之上"[1]。列宁最后说:"现在,自从《资本论》问世以来,唯物主义历史观已经不是假设,而是科学地证明了的原理。"[2] "唯物主义历史观始终是社会科学的同义词","并不像米海洛夫斯基先生所想的那样,'多半是科学的历史观',而是唯一科学的历史观"[3]。米海洛夫斯基"读了《资本论》,竟在那里找不到唯物主义,还有比这更可笑的怪事吗?"[4] 米海洛夫斯基对马克思的这个责怪,充分暴露了他对马克思主义,尤其是对作为马克思主义理论依据的唯物主义历史观的敌视态度。

为了反对和诋毁马克思的唯物主义历史观,颠覆马克思主义的理论大厦,米海洛夫斯基甚至不惜偷换概念,把唯物主义历史观歪曲为"经济唯物主义"。提起偷换概念,把马克思的唯物主义历史观说成是"经济唯物主义",并不是米海洛夫斯基等人的发明和专利,而是他们从德国资产阶级社会学家保尔·巴尔特那里捡来的破烂。大家知道,19世纪80年代末和90年代初,随着自由资本主义向垄断资本主义的过渡和转变,在国际共产主义运动内部,机会主义便滋长和发展起来。歪曲唯物主义历史观,否定上层建筑对经济基础的反作用,宣扬庸俗进化论,鼓吹资本主义可以"和平长入"社会主义的修正主义思潮甚嚣尘上。与此同时,一些资产阶级的反动学者,便以此为契机,故意把马克思的唯物主义历史观歪曲为"经济唯物主义",硬说马克思否定先进思想的积极作用,污蔑马克思关于"社会存在决定社会意识"的原则是"任意的历史编造",是"否定一切观念的力量",把"人类变成了一种机械发展的、毫无抵抗力的玩物",保尔·巴尔特就是其中的典型。[5] 自19世纪90年代起,恩格斯在关于唯物主义历史观的一系列书信中,不仅对保尔·巴尔特歪曲和污蔑唯物主义历史观的反动谬论进行了揭露和批判,而且还针对保尔·巴尔特等人把唯物主义历史观歪曲为"经济唯物主义"的荒谬行为进行了反击,全面阐述了经济基础与

---

[1] 列宁全集:第1卷 [M]. 北京:人民出版社,1984: 111 - 112.
[2] 列宁全集:第1卷 [M]. 北京:人民出版社,1984: 112.
[3] 列宁全集:第1卷 [M]. 北京:人民出版社,1984: 112.
[4] 列宁全集:第1卷 [M]. 北京:人民出版社,1984: 112.
[5] 中国人民大学马列主义发展史研究所编. 马克思主义史:第1卷 [M]. 北京:人民出版社,1996: 863.

上层建筑之间的辩证关系，粉碎了把唯物主义历史观庸俗化的阴谋，捍卫和发展了历史唯物主义。①而在恩格斯清算并摧毁了保尔·巴尔特等人的歪理邪说之后，米海洛夫斯基又故技重演，偷换概念，以"经济唯物主义"替代唯物主义历史观，把一些荒诞无稽的莫须有的东西强加在马克思的唯物主义历史观头上，真是恬不知耻。

对于米海洛夫斯基的这一演技，列宁给以严厉的揭露和批判。他反问道，米海洛夫斯基先生，"您究竟在马克思或恩格斯的什么著作中读到他们一定是在谈经济唯物主义呢？他们在说明自己的世界观时，只是把它叫作唯物主义而已"。他们的基本思想，"是把社会关系分成物质的社会关系和思想的社会关系。思想的社会关系不过是物质的社会关系的上层建筑，而物质的社会关系是不以人的意志和意识为转移而形成的，是人维持生存的活动的（结果）形式。马克思在上述引文（指《〈政治经济学批判〉序言》中的一段话——引者注）中说，对政治法律形式的说明要在'物质生活关系'中去寻找"②。米海洛夫斯基"不愿费神去诚实地和确切地表达俄国马克思主义者的任何一个论点，然后给以直率而明确的批评，却宁肯抓住他听来的马克思主义的片断论据加以歪曲"，他在论战中的这种手法，真是"特别令人愤慨"！③

必须指出，米海洛夫斯基这次把唯物主义历史观歪曲为"经济唯物主义"的本意，并不仅仅是为了批评马克思唯物主义历史观"片面强调经济基础对上层建筑的决定作用而否定意识形态上层建筑对经济基础的反作用"的所谓"片面性"，而且或者更为重要的是，借批评唯物主义历史观的所谓"片面性"，来贩卖和推销他的主观社会学，为他们所主张的唯心主义历史观打开方便之门。

例如，关于所谓"子女生产问题"。本来，马克思主义认为，人与动物的最后的本质区别就是劳动，就是从事生产。劳动创造了人本身，一旦人们自己开始生产他们所必需的生活资料的时候，他们就开始把自己与动物区别开来。人

---

① 马克思恩格斯全集：第37卷［M］.北京：人民出版社，1971：430-432.马克思恩格斯全集：第38卷［M］.北京：人民出版社，1972：122-125.
② 列宁全集：第1卷［M］.北京：人民出版社，1984：120-121.
③ 列宁全集：第1卷［M］.北京：人民出版社，1984：126.

类社会产生以后，生产又有两种：一种是生活资料即食物、衣服、住房以及为此所需要的工具的生产；另一种是人类自身的生产，即种的繁衍。其中，物质资料的生产是人类社会存在、发展的前提和基础，物质资料的生产方式制约着整个社会生活，制约着政治生活和精神生活的过程。至于"子女生产"，"不要在思想的社会关系中，而要在物质的社会关系中去寻找基础"①。而米海洛夫斯基却以批判所谓"经济唯物主义"为由，说什么"子女生产是非经济因素"，"无论它在错综复杂的社会生活现象中怎样同包括经济现象在内的其他现象交织着，但它毕竟有它本身的生理根源和心理根源"②，甚至"不仅法律关系，就是经济关系本身也是两性关系和家庭关系的上层建筑"③。

在与马克思主义的论战中，米海洛夫斯基为了证明"遗产制度是两性关系和家庭关系的上层建筑"，还大言不惭地说："作为遗产传下来的，有经济生产的产品……而遗产制度本身在一定程度内是受经济竞争的事实制约的。可是，第一，作为遗产传下来的，还有非物质财富，这表现在用父辈精神教育子女上。""第二，甚至专就经济领域来说，既然没有当作遗产传下来的生产的产品，就不可能有遗产制度，那么同样，没有'子女生产'的产品，没有这种产品与之直接结合着的复杂的紧张的心理，也就不可能有遗产制度。"④ 针对米海洛夫斯基的这般谬论，列宁讽刺说："总之，遗产制度之所以是家庭关系和两性关系的上层建筑，是因为没有子女生产就不可能有遗产制度！是呀，这真算是发现了新大陆！"⑤ 接着列宁就对米海洛夫斯基关于遗产制度的谬论进行了批判，以揭露米海洛夫斯基主观社会学的反动实质。列宁指出："只要把'人民之友'刮一刮，就可以看出资产者的原形。的确，米海洛夫斯基先生的这一套关于遗产制度同子女教育、同子女生产心理等等相联系的议论，不就是说遗产制度也同

---

① 列宁全集：第1卷 [M]．北京：人民出版社，1984：120．
② 列宁全集：第1卷 [M]．北京：人民出版社，1984：120 – 121．
③ 列宁全集：第1卷 [M]．北京：人民出版社，1984：121．
④ 列宁全集：第1卷 [M]．北京：人民出版社，1984：122．
⑤ 列宁全集：第1卷 [M]．北京：人民出版社，1984：122．

子女教育一样是永恒的、必要的和神圣的吗?"①"其实,遗产制度以私有制为前提,而私有制则是随着交换的出现而产生的。已经处在萌芽状态的社会劳动的专业化和产品在市场上的转让是私有制的基础。""无论私有制或遗产,都是单独的小家庭(一夫一妻制的家庭)已经形成和交换已在开始发展的那个社会制度的范畴。米海洛夫斯基先生的例子所证明的,恰巧和他所要证明的相反。"②

再如,关于国家的起源及其本质的见解,也是米海洛夫斯基为反对唯物主义历史观而发表的一种奇谈怪论。这一怪论,从他对氏族联系和民族联系的解说开始。米海洛夫斯基说:"至于氏族联系,那么它们在各文明民族的历史中,确实有一部分已在生产形式影响的光线下褪色了……但还有一部分在它们本身的延续和普遍化中——在民族联系中发展了。"③针对米海洛夫斯基的这种论调,列宁指出:"这样说来,民族联系就是氏族联系的延续和普遍化了!米海洛夫斯基先生关于社会历史的观念,显然是从给学生们讲的儿童故事中得来的。"④列宁继续说:"按这个陈腐浅陋的道理说来,社会就是这样的:起初是家庭,这是任何一个社会的细胞,然后家庭发展为部落,部落又发展为国家。""米海洛夫斯基先生郑重其事地重复这种幼稚的胡说,不过是表明(除其他一切外)他甚至连俄国历史的进程一点都不了解。"⑤列宁接着指出:"如果可以说古罗斯有过氏族生活,那么毫无疑问,在中世纪,在莫斯科皇朝时代,这些氏族联系便不存在了,就是说,国家完全不是建立在氏族的联合上,而是建立在地域的联合上:地主和寺院接纳了来自各地的农民,而这样组成的村社纯粹是地域性的联合。但在当时未必能说已有真正的民族联系:国家分成各个'领地',其中有一部分甚至是公国,这些公国还保存着从前自治制度的鲜明遗迹、管理的特点,有时候还保存着自己单独的军队(地方贵族是带领自己的军队去作战的)、单独的税界等等。仅仅在近代俄国历史上(大约从17世纪起),这一切区域、领地

---

① 列宁全集:第1卷[M].北京:人民出版社,1984:122-123.
② 列宁全集:第1卷[M].北京:人民出版社,1984:123.
③ 列宁全集:第1卷[M].北京:人民出版社,1984:123.
④ 列宁全集:第1卷[M].北京:人民出版社,1984:123.
⑤ 列宁全集:第1卷[M].北京:人民出版社,1984:123-124.

和公国才真正在事实上融合成一个整体。"① 依据上述，列宁总结说："最可尊敬的米海洛夫斯基先生，这种融合并不是由氏族联系引起的，甚至不是由它的延续和普遍化引起的，而是由各个区域之间的日益频繁的交换，由逐渐增长的商品流通，由各个不大的地方市场集中成一个全俄市场引起的。既然这个过程的领导者和主人是商人资本家，那么这种民族联系的建立也就无非是资产阶级联系的建立。"② 这就是说，国家不是从来就有的，国家产生以前的氏族制度是风俗的统治，公共联系、社会本身、纪律以及劳动规则靠习惯和传统的力量来维持，在本质上与国家是有区别的，不能称之为国家。国家是随着生产力的发展、社会分工的出现、私有制和阶级的产生，阶级矛盾发展到不可调和的程度，占统治地位的阶级为了镇压被剥削、被压迫、被统治阶级的反抗，维护本阶级的利益，而建立起的权力机构。国家是经济社会发展到一定历史阶段，阶级矛盾不可调和的产物，是有组织的暴力，是统治阶级维护自己阶级统治的权力组织，是一个阶级压迫另一个阶级的机器和工具。对于国家问题，不能从它本身和所谓人类精神的一般发展来理解，而应当并且只能从社会的阶级生活条件来解释。最后，列宁揭示了米海洛夫斯基国家理论的荒谬性。他说："米海洛夫斯基先生举出这两件事实，都是自己打自己的耳光，而给予我们的不过是标本的资产阶级的庸俗见解而已，其所以是庸俗见解，是因为他用子女生产及其心理来解释遗产制度，而用氏族联系来解释民族；其所以是资产阶级的，是因为他把历史上一个特定的社会形态（以交换为基础的社会形态）的范畴和上层建筑，当作同子女教育和'直接'两性关系一样普遍和永恒的范畴。"③ 米海洛夫斯基的国家理论，充分暴露了他的社会学庸俗的历史唯心主义性质。

还如，米海洛夫斯基为了推销他的唯心主义历史观，不惜歪曲阶级和阶级斗争的实质和历史，抹杀国际工人协会的阶级性质。本来，阶级是人类社会发展到一定历史阶段的产物。阶级，就是一些集团，这些集团在历史上一定社会

---

① 列宁全集：第1卷 [M]. 北京：人民出版社，1984：124.
② 列宁全集：第1卷 [M]. 北京：人民出版社，1984：124.
③ 列宁全集：第1卷 [M]. 北京：人民出版社，1984：124–125.

生产体系中所处的地位不同，对生产资料的占有关系不同，在社会劳动组织中所起的作用不同，因而领的自己支配的那份社会财富的方式和多寡不同，其中一个集团占有另一个集团的劳动。阶级斗争在实质上就是剥削阶级和被剥削阶级、统治阶级和被统治阶级之间的斗争。阶级斗争的根源就在于不同的社会集团由于他们对生产资料占有关系不平等而导致的在社会生产中的地位、作用乃至收入分配关系的不平等，就在于他们经济政治地位及其阶级利益的根本对立。而米海洛夫斯基却把阶级斗争歪曲为"民族自负和民族仇恨的邪魔"。[①] 本来，国际工人协会是应19世纪60年代国际工人运动高涨，各国无产阶级加强国际团结，反对国际资产阶级反动统治和压迫的需要而成立的，是指导国际工人运动的国际性革命组织。国际工人协会的目的，就是要把欧美正在进行战斗的无产阶级团结为一个整体。在反对资产阶级联合权力的斗争中作为一个阶级来行动，就是为了保证无产阶级革命获得彻底胜利，解放全人类，从而使自己最后得到解放，消灭私有制，消灭剥削，消灭阶级，实现人类社会的崇高目标——共产主义。[②] 而米海洛夫斯基却把国家工人协会诬蔑为阻止国际工人阶级"互相残杀""清除民族自负和民族仇恨的邪魔"的组织。[③] 米海洛夫斯基对国际工人协会的诬蔑和攻击，遭到列宁的痛斥和批判。列宁指出：米海洛夫斯基的上述"断语表明，这位批评家丝毫不懂得工商业资产阶级的非常实际的利益是这种仇恨的主要基础，丝毫不懂得把民族感情当作独立因素来谈，就是掩盖问题的实质"[④]。他也不知道，民族矛盾就是阶级矛盾，民族斗争就是阶级斗争。"当然，如果像《俄国财富》第2期国内生活栏编者按小市民的庸俗见解所写的那样，把'公平'交换制度看作国际团结的极限，而不懂得无论公平的或不公平的交换始终都以资产阶级的统治为前提和内容，不懂得不消灭以交换为基础的经济组织就不能停止国际冲突，那就不难了解，为什么他说到国际，就一味嘲笑。那就不难了解，为什么米海洛夫斯基先生怎么也不能接受这样一个简单真理：

[①] 列宁全集：第1卷［M］. 北京：人民出版社，1984：125.
[②] 马克思恩格斯全集：第17卷［M］. 北京：人民出版社，1963：445.
[③] 列宁全集：第1卷［M］. 北京：人民出版社，1984：125.
[④] 列宁全集：第1卷［M］. 北京：人民出版社，1984：125.

除非在每一个国家把被压迫者阶级组织团结起来反对压迫者阶级，除非把这些民族的工人组织团结成一支国际工人大军去反对国际资本，是没有办法来消灭民族仇恨的。至于说国际没有阻止工人互相残杀，那只要向米海洛夫斯基先生提醒一下巴黎公社事变就够了，它表现了组织起来的无产阶级对待进行战争的统治阶级的真正态度。"①"我们的主观哲学家一试图由空话转到具体事实，就立即滚到泥坑里去了。他在这个不很干净的地方"，"安然坐着，收拾打扮，弄得污泥浊水四溅"，② 其资产阶级和小资产阶级的反动立场暴露无遗。

不仅如此，米海洛夫斯基为了推销自己的唯心主义历史观，还抛出关于"历史必然性的思想和个人活动的作用之间的冲突"的命题。他说："社会活动家如以活动家自居，那就大错特错了；其实他们是'被动者'，是'被历史必然性的内在规律从神秘的暗窖里牵出来的傀儡'。"③ 但他又说："具有自己的一切思想和感情的活动的个人，冒着风险成为历史活动家。是他，而不是什么神秘力量提出历史的目标，并且突破自然界和历史条件的自发力量所造成的重重障碍而推动事变向目标前进。"④ 针对米海洛夫斯基的胡说，列宁指出："关于决定论和道德观念之间的冲突、历史必然性和个人作用之间的冲突的思想，正是主观哲学家喜爱的话题之一"，其目的是"想把这个冲突解决得使道德观念和个人作用占上风"。⑤ 接着，列宁便揭示了米海洛夫斯基上述胡说的荒谬性。他说："其实，这里并没有什么冲突，冲突完全是米海洛夫斯基先生因担心（而且是不无根据的）决定论会推翻他所如此酷爱的小市民道德而捏造出来的。决定论思想确认人的行为的必然性，摒弃所谓意志自由的荒唐的神话，但丝毫不消灭人的理性、人的良心以及对人的行动的评价。恰巧相反，只有根据决定论的观点，才能作出严格正确的评价，而不致把什么都推到自由意志上去。同样，历史必然性的思想也丝毫不损害个人在历史上的作用：全部历史正是由那些无疑是活

---

① 列宁全集：第 1 卷 [M]．北京：人民出版社，1984：125 - 126.
② 列宁全集：第 1 卷 [M]．北京：人民出版社，1984：125.
③ 列宁全集：第 1 卷 [M]．北京：人民出版社，1984：128.
④ 列宁全集：第 1 卷 [M]．北京：人民出版社，1984：359.
⑤ 列宁全集：第 1 卷 [M]．北京：人民出版社，1984：128 - 129.

动家的个人的行动构成的。在评价个人的社会活动时会发生的真正问题是：在什么条件下可以保证这种活动得到成功？有什么保证能使这种活动不致成为孤立的行动而沉没在相反行动的汪洋大海里？"① 社会民主党人和俄国其他社会主义者解决得各不相同的另一个问题是："以实现社会主义制度为目标的活动，应当怎样吸引群众参加才能取得重大的成果？显然，这个问题的解决，直接取决于对俄国社会力量的配置的看法，对构成俄国现实的阶级斗争的看法，——而米海洛夫斯基先生又是只围绕着问题兜圈子，甚至不打算明确提出这个问题并给予一定的解答。"② 而 "社会民主党人解答这个问题时所持的观点是：俄国经济制度是资产阶级社会，要摆脱这个社会只能有一条从资产阶级制度本质中必然产生的出路，这就是无产阶级反对资产阶级的阶级斗争"③。唯物主义历史观的阶级斗争理论，"十分确切而肯定地规定了把个人因素归结为社会根源的方法"，"制定了社会经济形态的概念。它以人类任何共同生活的基本事实即生活资料的谋得方式为出发点，把这种生活资料谋得方式和在它影响下形成的人与人间的关系联系起来，并指出这些关系（按马克思的术语是'生产关系'）的体系是社会的基础，政治法律形式和某些社会思潮则是这个基础的外表"④。这个阶级斗争理论，把"'活动的个人'在每个这样的社会形态范围内的活动，这些极为多样的似乎不能加以任何系统化的活动"概括起来，"并归结为各个在生产关系体系中所起的作用上、在生产条件上、因而在生活环境的条件上以及在这种环境所决定的利益上彼此不同的个人集团的活动，一句话，归结为各个阶级的活动，而这些阶级的斗争决定着社会的发展"，从而"推翻了主观主义者天真幼稚、纯粹机械的历史观"⑤。对于米海洛夫斯基与社会民主党人进行论战的低级而拙劣的手法，列宁痛斥道：面对上述严肃而亟待解决的关于历史观方面的问题，"米海洛夫斯基先生甚至不想触及"，而 "宁愿用一些毫无内容的辞藻来支吾搪塞，

---

① 列宁全集：第1卷[M]. 北京：人民出版社, 1984: 129.
② 列宁全集：第1卷[M]. 北京：人民出版社, 1984: 129.
③ 列宁全集：第1卷[M]. 北京：人民出版社, 1984: 129.
④ 列宁全集：第1卷[M]. 北京：人民出版社, 1984: 372.
⑤ 列宁全集：第1卷[M]. 北京：人民出版社, 1984: 373.

说什么必然性是一个太一般的括弧等等",反而以傲然自得的态度来责备"唯物主义集中全力来解决直接有关劳动阶级解放的问题","不过表明自己是个庸人科学的爱好者而已"。①

最后,为了给自己蹩脚的主观社会学——唯心主义历史观开辟道路,米海洛夫斯基又不惜颠倒黑白,诬称马克思的社会学理论,也即唯物主义历史观是建立在黑格尔"三段式"基础之上的。面对米海洛夫斯基的污蔑和攻击,列宁首先指出:"我们又听到这种老一套的责难,说马克思主义是黑格尔辩证法,这种责难看来已被批评马克思的资产阶级批评家用得够滥的了。这帮先生不能从实质上对这个学说提出任何反驳,就拼命抓住马克思的表达方式,攻击这个理论的起源,想以此动摇这个理论的根基。米海洛夫斯基先生也毫不客气地采用了这种手法。"②"米海洛夫斯基先生在读马克思主义文献时,常常碰见社会科学的'辩证方法',碰见社会问题范围(谈的也只是这个范围)内的'辩证思维'等等。由于头脑简单(如果只是简单那还好),他以为这个方法就是按黑格尔三段式的规律来解决一切社会学问题。"其实,"他只要稍微细心一点看问题,就不能不确信这种看法是荒谬的"③。

接着,列宁就从不同方面,对米海洛夫斯基说法的荒谬性进行批判。首先列宁指出了马克思辩证方法的基本内涵。他说:"马克思和恩格斯称之为辩证方法(它与形而上学相反)的,不是别的,正是社会学中的科学方法,这个方法把社会看作处在不断发展中的活的机体(而不是机械地结合起来,因而可以把各种社会要素随便配搭起来的一种什么东西),要研究这个机体,就必须客观地分析组成该社会形态的生产关系,研究该社会形态的活动规律和发展规律。"④为了证明马克思的"辩证方法"不同于"黑格尔的三段式",列宁把马克思在《资本论》第2版"跋"中引证的《欧洲通报》1872年第5期上描述他的辩证方法的一段话(短评:《卡尔·马克思的〈政治经济学批判〉的观点》中的一

---

① 列宁全集:第1卷[M]. 北京:人民出版社,1984:129-130.
② 列宁全集:第1卷[M]. 北京:人民出版社,1984:133.
③ 列宁全集:第1卷[M]. 北京:人民出版社,1984:134-135.
④ 列宁全集:第1卷[M]. 北京:人民出版社,1984:135.

段话)全部引来,以资说明。"短评说:在马克思看来,有一件事情是重要的,那就是要发现他所研究的那些现象的规律,而在他看来,特别重要的是这些现象的变化和发展的规律,这些现象由一种形式过渡到另一种形式,由一种社会关系制度过渡到另一种社会关系制度的规律。所以马克思竭力去做的只是一件事——通过精确的科学研究来证明一定的社会关系制度的必然性,同时尽可能完全地指出那些作为他的出发点和根据的事实。为了这个目的,他只要证明现有制度的必然性,同时证明另一制度不可避免地要从前一制度中生长出来的必然性就完全够了,而不管人们相信或不相信这一点,不管人们意识到或意识不到这一点。马克思把社会运动看作受一定规律支配的自然历史过程,这些规律不仅不以人的意志、意识和意图为转移,反而决定人的意志、意识和意图。""既然意识要素在文化史上只起着这样从属的作用,那么不言而喻,以这个文化为对象的批判,比任何事情更不能以意识的某种形式或某种结果为依据。换句话说,作为这种批判的出发点的不能是观念,而只能是外部客观现象。批判应该是这样的:不是把一定的事实和观念比较对照,而是把它和另一种事实比较对照;对于这种批判唯一重要的是,把这两种事实尽量精确地研究清楚,使它们在相互关系上表现为不同的发展阶段,而且特别需要的是同样精确地把一系列已知的状态、它们的连贯性以及不同发展阶段之间的联系研究清楚。马克思所否定的正是这种思想:经济生活规律无论对于过去或现在都是一样的。恰恰相反,每个历史时期都有自己的规律,经济生活是与生物学其他领域的发展史相类似的。旧经济学家不懂得经济规律的性质,他们把经济规律与物理学定律和化学定律相提并论。更深刻的分析表明,各种社会机体和各种动植物机体一样,彼此有很大的不同。马克思认为自己的任务是根据这种观点来研究资本主义的经济组织,因而严格科学地表述了对经济生活的任何精确的研究所应抱的目的。这种研究的科学意义,在于阐明调节这个社会机体的产生、生存、发展和死亡以及这一机体为另一更高的机体所代替的特殊规律(历史规律)。"[①] 在

[①] 列宁全集:第1卷 [M]. 北京:人民出版社,1984:135-136.

摘录这段引文之后，列宁总结说："这就是马克思从报章杂志对《资本论》的无数评论中挑选出来并译成德文的一段对辩证方法的描述。马克思这样做，是因为这段对辩证方法的说明，正如他自己所说，是十分确切的。试问，这里有一句话提到三段式、三分法、辩证过程的无可争辩性等等胡说，即米海洛夫斯基先生用骑士姿态加以攻击的那些胡说吗？"[1] 随后，列宁又直接引用马克思在《资本论》第1卷第二版"跋"中关于他的辩证方法与黑格尔辩证法相区别的一段论述，来批驳米海洛夫斯基对马克思辩证方法的诬蔑。马克思的这段话是："我的辩证方法，从根本上来说，不仅和黑格尔的辩证方法不同，而且和它截然相反。在黑格尔看来，思维过程，即他称为观念而甚至把它变为独立主体的思维过程，是现实事物的创造主，而现实事物只是思维过程的外部表现。我的看法则相反，观念的东西不外是移入人的头脑并在人的头脑中改造过的物质的东西而已。""辩证法在黑格尔手中神秘化了。""在他那里，辩证法是倒立着的。必须把它倒过来，以便发现神秘外壳中的合理内核。"[2]

列宁最后结论说，米海洛夫斯基先生不能从实质上对马克思的学说提出任何反驳，反而拼命抓住马克思的表达方式，攻击这个理论的根源，想以此动摇这个理论的根基，"这种歪曲捏造的手法也单调得令人作呕！"[3] 这不仅表明他不仅不懂得黑格尔的辩证法，更不懂得马克思的辩证方法，而且也充分暴露出他仇视马克思辩证方法的反动性以及他与马克思主义进行论战的手法的荒唐性和可笑性。

列宁以上对米海洛夫斯基唯心主义历史观的批判，摧毁了自由主义民粹派主观社会学的理论依据，从而在许多方面阐明了唯物主义历史观的基础理论问题，在实践上继承和捍卫了马克思的唯物主义历史观，极大地发展了马克思的历史唯物主义，不仅在俄国，而且在整个马克思主义史上写下了光辉的一页。

---

[1] 列宁全集：第1卷 [M]. 北京：人民出版社，1984：137.
[2] 列宁全集：第1卷 [M]. 北京：人民出版社，1984：137.
[3] 列宁全集：第1卷 [M]. 北京：人民出版社，1984：148.

三、主观社会学的阶级本质批判

在《什么是"人民之友"以及他们如何攻击社会民主党人》中，列宁不仅批判了米海洛夫斯基自由主义民粹派主观社会学的哲学世界观基础、方法论原则和唯心主义历史观，而且还从不同角度揭示了他们的阶级根源和反动本质。

首先，列宁揭示了米海洛夫斯基对待马克思主义特别是对待马克思《资本论》唯物主义历史观的立场和态度演变的历史及其过程。列宁说："米海洛夫斯基先生的'批评'一开始就声明他不知道在哪一部著作里叙述过唯物主义历史观，说到这种'批评'手法，提一下这位作者曾经知道这些著作之一并对它作过比较的评价，也许不无益处。"[①] 列宁接着指出："1877年米海洛夫斯基先生是这样评《资本论》的：'如果去掉《资本论》的笨重无用的黑格尔辩证法的盖子'，'那么，不管这部著作其他长处如何，我们也能看出这部著作很好地研究了解决形式和它赖以存在的物质条件的关系这个总问题所必需的材料，并且为一定的领域很好地提出了这个问题。'"你们看，"全部《资本论》研究的是一经产生的社会形式怎样日益发展，怎样加强自己的典型特征，怎样使各种发现、发明、生产方式的改进、新的市场和科学本身从属于自己，使之同化，怎样迫使这些东西为自己服务，最后，这个形式又怎样经受不住物质条件的继续变化。"[②] 在引述米海洛夫斯基在1877年对马克思《资本论》的评价之后，列宁揭露说："真是变得叫人吃惊！在1877年，'全部《资本论》'是对一定社会形式的唯物主义的研究（难道唯物主义不正是以物质条件说明社会形式的吗），而在1894年，却甚至不知道在什么地方，在哪部著作里去找这种唯物主义的叙述了！"[③]"在1877年，《资本论》是'研究''这个形式（即资本主义形式，可不是吗！）怎么经受不住物质条件的继续变化'（请注意这点）；而在1894年却变成根本没有任何研究了，资本主义形式经受不住生产力的继续发展的信念，'纯

---

① 列宁全集：第1卷[M]．北京：人民出版社，1984：149.
② 列宁全集：第1卷[M]．北京：人民出版社，1984：150.
③ 列宁全集：第1卷[M]．北京：人民出版社，1984：150.

粹'维系在'黑格尔三段式的最末一环上'了！在1877年，米海洛夫斯基先生写道：'对于这个社会形式和它赖以存在的物质条件的关系的分析，将永远是这位作者的逻辑力量和渊博学识的纪念碑'；而在1894年，他却宣称唯物主义学说在任何时候任何地方都没有经过科学的检验和论证！"[①] 列宁所作的上述揭示告诉我们，1877年，米海洛夫斯基对《资本论》和唯物主义历史观"作过比较正确的评价"，而到1894年，却忘记（实际上是否定）自己此前对《资本论》和唯物主义历史观所说的话，反而转到马克思《资本论》和唯物主义历史观的对立面，进而反对和攻击起马克思的《资本论》和唯物主义历史观了。为了反对和摧毁马克思的《资本论》和唯物主义历史观，米海洛夫斯基无所不用其极，真是滑稽可笑和无耻到极点！

针对米海洛夫斯基的一反常态，列宁深刻地揭露了个中原因。列宁指出：原来是因为这期间"发生了两件事情：第一，70年代的俄国农民社会主义，因为自由具有资产阶级性质而对自由'嗤之以鼻'，曾同那些竭力掩盖俄国生活中的对抗性的'高头大额的自由派'作过斗争，而且幻想过农民革命，但现在它已经完全变质了，产生了庸俗的小市民的自由主义，这种自由主义认为农民经济的进步潮流给人以'振奋人心的印象'，而忘记了这种潮流带来（和引起）的是农民大批地被剥夺；第二，在1877年，米海洛夫斯基先生以维护'热血志士'（即革命社会主义者）马克思不受自由批评家的攻击为己任，而且是那样专心致志，竟没有发觉马克思的方法和他自己的方法互不相容。可是有人向他说明了辩证唯物主义和主观社会学之间的这个不可调和的矛盾，——恩格斯的文章和书说明了这点，俄国社会民主党人也说明了这点（在普列汉诺夫的著作里往往可以看到对米海洛夫斯基先生非常中肯的批评）——而米海洛夫斯基先生却不去认真地重新考虑问题反而索性放肆起来。他现在不是欢迎马克思（像他在1872年和1877年所表现的那样），而是躲在居心叵测的赞词后面向他乱吠，并且大叫大嚷地反对俄国马克思主义者，因为俄国马克思主义者不愿以'保护经济上的最弱者'为满足，不愿以货栈、农民改良、手工业博览馆和手工业劳

---

① 列宁全集：第1卷[M]. 北京：人民出版社，1984：150.

动组合等等善良的小市民的进步办法为满足，而仍然想作'热血斗士'，主张社会革命，要训练、领导并组织真正的社会分子"。① 可以说，时代的变迁，形势的变化，米海洛夫斯基及其所代表的自由主义民粹派抛弃了原来代表农民利益的带有一定革命性的立场、观点和主张，蜕变为庸俗的代表富农和小资产阶级利益的小市民自由主义，是他们由马克思主义者和社会民主党人的同路人转变为反对者的根本原因。

在揭露了米海洛夫斯基对待马克思主义特别是对待马克思《资本论》和唯物主义历史观的立场、观点、态度之演变的历史及其过程之后，列宁又进一步揭露了米海洛夫斯基为自己歪曲、攻击马克思主义的"恶劣手段作辩护"，"给自己留了很多后路"的丑恶而虚伪的嘴脸。列宁指出："在现时，在不仅社会主义的活动，而且任何稍许独立的和正直的社会活动都要招来政治迫害的时候，有一个在这一或那一旗帜（民意主义、马克思主义或者甚至是立宪主义的旗帜）下真正工作的人，就会有几十个假借正直名义来掩饰其自由派怯懦心理的清谈家，也许还有几个简直是专谋私利的卑鄙家伙，这谁不知道呢？只有最卑鄙龌龊的家伙，才会把各种肮脏分子玷污了（而且是不声不响地）其中某一派的旗帜这一事实拿来归罪于这一派，这难道还不明白吗？米海洛夫斯基先生的全部叙述从头至尾都是曲解、歪曲和捏造。"② 可"米海洛夫斯基先生像一个被揭发了的学生那样躲躲闪闪"，"装着受了委屈的样子，伪善地指天誓日，并油滑地""向读者证明说：这与我毫不相干"，以推卸自己攻击、歪曲和诬蔑马克思主义者的责任。③ 真是卑鄙庸俗、厚颜无耻到极点！

列宁对米海洛夫斯基自由主义民粹派的批判充分表明：自由主义民粹派及其主观社会学在19世纪后期俄国的产生和发展，不是偶然的。世界观上的唯心主义，方法论上的形而上学主义，社会变革政策和策略上的折中主义，理论依据上的抽象的、超阶级的"人性论"，是其产生的认识论根源。小生产者、市民小资产者阶级占优势的俄国社会的阶级结构，是其产生的社会根源。深受封建

---

① 列宁全集：第1卷［M］. 北京：人民出版社，1984：151.
② 列宁全集：第1卷［M］. 北京：人民出版社，1984：168.
③ 列宁全集：第1卷［M］. 北京：人民出版社，1984：168-169.

"旧贵族"制度和传统势力束缚，遭受大资本压迫和排挤而深受苦难的小生产者、市民小资产阶级，是其产生的阶级根源和阶级基础。米海洛夫斯基自由主义民粹派的主观社会学，是代表俄国小生产者和市民小资产者阶级利益的社会学说。米海洛夫斯基等人是小生产者和市民小资产阶级的思想家，① 是以"真正'人民之友'的思想和策略的表达者自居"，反对社会民主党人，阻碍马克思主义在19世纪中期以后的俄国传播和发展的"最凶恶的敌人"。②

四、列宁对自由主义民粹派主观社会学的批判告诉我们什么

在批判和回击米海洛夫斯基对马克思理论"批评"的工作结束之后，列宁总结说："他想摧毁的学说，第一是依据唯物主义历史观的，第二是依据辩证方法的。"③ 这就是说，米海洛夫斯基攻击马克思理论的目的，就是要摧毁马克思的学说，由于马克思的学说是以唯物主义历史观和辩证方法为依据的，米海洛夫斯基便把攻击的矛头对准了唯物主义历史观和辩证方法。可见，共产党人要领导无产阶级革命和社会主义建设事业，实现人类社会的崇高理想——共产主义，就必须坚持马克思主义。而要坚持马克思主义，就必须坚持唯物主义历史观和辩证方法。

从古至今，一部哲学史，就是唯物主义与唯心主义、辩证法与形而上学两种世界观和方法论相互对立、相互斗争的历史。一切剥削阶级和反动统治阶级的思想和学说，自觉或不自觉地，大都以唯心主义世界观和形而上学方法论作为自己的依据。相反，一切被剥削阶级和进步的革命阶级也自觉或不自觉地，都以唯物主义世界观和辩证法的方法论作为自己的依据。以马克思主义为指导，代表无产阶级和广大劳动人民利益的共产党人，他们的思想和学说，就是以马克思主义的辩证唯物主义的世界观和唯物辩证法的方法论作为自己的依据的。在国际共产主义运动史上，一切反马克思主义、背叛无产阶级和广大劳动人民

---

① 列宁全集：第1卷 [M]. 北京：人民出版社，1984：361.
② 列宁全集：第1卷 [M]. 北京：人民出版社，1984：102.
③ 列宁全集：第1卷 [M]. 北京：人民出版社，1984：151.

利益的机会主义者尤其是修正主义者，无不是唯心主义世界观和形而上学方法论的拥护者、推崇者和实践者，并且在具体策略原则上又大都是以唯心主义、形而上学为依据，模棱两可、左右逢源、一方面另一方面、从各方采纳长处并进行"机械组合"的毫无原则的折中主义者。因此，我们以马克思主义为指导、为无产阶级和广大劳动人民利益而奋斗的共产党人，要完成自己的历史使命，就必须坚持唯物主义，反对唯心主义，坚持辩证法，反对形而上学，坚持马克思主义的思想路线，反对国际工人运动和无产阶级政党内部的各种机会主义，尤其要高度重视和反对挂着马克思主义招牌的修正主义和折中主义。

自马克思主义诞生以来，一部社会学史就是唯物主义历史观与唯心主义历史观相互对立、相互斗争的历史。一切资产阶级、剥削阶级包括依附于资产阶级的小资产阶级思想家的社会学说，无不是以唯心主义历史观作为自己的理论基础。以代表无产阶级和广大劳动人民利益为宗旨的社会学说，也都以唯物主义历史观作为自己的理论基础。唯物主义历史观认为，社会经济形态的发展是一种自然历史过程。在人类历史发展的长河中，每一社会形态的产生和发展，都具有必然性、历史性、暂时性和过渡性。资本主义的灭亡和社会主义、共产主义的胜利是必然的、不可抗拒的规律。以私有制为基础的资本主义社会为以公有制为基础的社会主义、共产主义社会所代替，是历史的必然趋势。这个趋势及其实现，也是不可抗拒的和不以人的意志为转移的。在人类社会发展史上，想要阻挡潮流的机会主义者虽然到处都有，但潮流总是阻挡不住的，到头来，总是要被历史的车轮辗得粉碎，历史已经证明并将继续证明，这也是颠扑不破的真理。作为忠实而坚定地代表无产阶级和广大劳动人民利益的共产党人，必须坚定唯物主义历史观的信念，继承、捍卫和发展唯物主义历史观的基本精神，高扬唯物主义历史观的旗帜。必须遵循人类社会发展的客观规律，誓作革命的促进派，反对复辟倒退的历史逆流，把无产阶级革命和社会主义建设事业不断推向前进。

"唯物主义历史观与唯心主义历史观不同，它不是在每个时代中寻找某种范畴，而是始终站在现实历史的基础上，不是从观念出发来解释实践，而是从物质实践出发来解释观念的东西",①"从直接生活的物质生产出发来考察现实的生产过程","把与该生活方式相联系的、它所产生的交往形式"即生产关系"理解为整个历史的基础"。② 依据唯物主义历史观,马克思从社会生活的各种领域中划分出经济领域,从一切社会关系中划分出生产关系,即决定其余一切关系的基本的原始的关系,这是马克思研究人类社会、人类历史所使用的基本的和科学的方法。依据这一科学的研究方法,马克思揭示了资本主义社会的经济结构、制度结构和阶级结构,揭示了人类社会尤其是资本主义社会发展的客观规律和人类社会发展的必然的历史趋势。我们共产党人要领导无产阶级革命和社会主义建设事业,尤其是在21世纪20年代的当代中国,要从事改革开放和全面建设社会主义现代化国家,实现中华民族伟大复兴,就必须坚持马克思主义的指导,坚持唯物主义历史观,坚持唯物主义历史观的科学方法论。具体来说,就必须从社会生活的各个领域中划分出经济领域,从一切社会关系中划分出生产关系,把生产关系看作决定其余一切关系的基本的原始关系;就必须依据我国现阶段生产力和生产方式的发展水平,从不断完善和发展我国的社会主义生产关系及其经济制度做起,尤其要从不断完善和发展在社会主义生产关系和经济制度中起主导和决定作用的生产资料公有制做起。须知,没有生产资料的社会主义公有制,就没有社会主义的劳动关系、互助合作的协作关系和民主的管理关系,就没有社会主义的"各尽所能、按劳分配"关系,我国社会就会失去社会主义的性质。没有生产资料的社会主义公有制(包括社会主义的全民所有制,即国有制经济和劳动群众集体所有制经济),我国经济社会的高质量发展、乡村振兴和共同富裕,都将失去制度基础和经济基础。在这个问题上,任何形式的机会主义、折中主义、实用主义和改良主义都是错误的和十分有害的。

唯物主义历史观认为,自原始社会解体以来,人类社会的历史,都是阶级斗争的历史。在阶级社会里,人们在社会生产中形成的物质利益关系或生产关系,都表现为阶级关系。不管个人在主观上怎样超脱这些关系,他们在社会意

---

① 马克思恩格斯全集:第3卷[M]. 北京:人民出版社,1960:43.
② 马克思恩格斯全集:第3卷[M]. 北京:人民出版社,1960:42-43.

义上总是这些关系的产物。在阶级社会中，所谓"人性"，就是人的社会性，具体来说，就是人的阶级性，超阶级的人性是没有的。同样，与超阶级的人性相联系的超阶级的所谓"公平""正义""道德"也是没有的。所谓超阶级的"人性"论以及与此相联系的超阶级的所谓"公平""正义""道德"的理论，都是无稽之谈，都是剥削阶级尤其是资产阶级的世界观和方法论，都是唯心主义、形而上学方法论在社会学理论上的具体表现，都是剥削阶级尤其是资产阶级麻痹和毒害无产阶级和广大劳动人民的精神鸦片。新中国成立以来，这些超阶级的歪理邪说，本来已经遭到清算，然而近些年来，由于某种原因，又死灰复燃，并在不同场合甚至在一些报端媒体不时出现。对于此种情况，意识形态和理论宣传部门必须给予密切关注和高度重视。在 21 世纪 20 年代的今天，在我国全面建设社会主义现代化国家的新征程中，我们观察、分析和处理问题，必须以马克思主义为指导，坚持唯物主义历史观，坚持阶级分析的方法，批判超阶级的人性论以及与此相联系的超阶级的所谓"公平""正义""道德"等方面的理论，充分揭露这些理论的虚伪性，以及为剥削阶级尤其是为资产阶级利益服务的反动本质。

最后，我们知道，以往的历史理论，在唯心主义历史观的指导下，"至多只是考查了人们历史活动的思想动机，而没有研究产生这些动机的原因，没有探索社会关系体系发展的客观规律性，没有把物质生产的发展程度看作这种关系的根源"；"没有以自然科学的精确性去研究群众生活的社会条件以及这些条件的变更"[1]。"一切唯心主义者，不论是哲学上的还是宗教上的，不论是旧的还是新的，都相信灵感、启示、救世主、奇迹创造者"[2]，正如米海洛夫斯基一样，相信历史"是由'进行斗争的单独个人'创造的"，"具有自己的一切思想和感情的活动的个人冒着风险成为历史活动家"，他们不仅是历史创造者，而且是历史前进的动力。[3] 而唯物主义历史观则"第一次使我们能以自然科学的精确性去研究群众生活的社会条件以及这些条件的变更"，"指出了对各种社会经济形态

---

[1] 列宁全集：第 26 卷 [M]. 北京：人民出版社，1988：59.
[2] 马克思恩格斯全集：第 3 卷 [M]. 北京：人民出版社，1960：630.
[3] 列宁全集：第 1 卷 [M]. 北京：人民出版社，1984：359.

的产生、发展和衰落过程进行全面而周密的研究的途径","揭示了物质生产力的状况是一切思想和各种趋向的根源"①。唯物主义历史观认为，人民群众，包括工人、农民和劳动知识分子，不仅是物质财富的创造者，也是精神财富的创造者；不仅是新的社会秩序的创造者，也是决定国家和民族命运的根本力量。总之，不是英雄创造历史，而是历史创造英雄；不是英雄创造人民，而是人民创造英雄，并推动历史前进。② 人民，只有人民，才是创造历史的动力。③ 群众观点，是唯物主义历史观的根本观点。群众路线，是共产党人领导无产阶级革命和社会主义建设事业乃至一切实际工作的根本路线。群众路线的领导方法和工作方法，是共产党人领导无产阶级革命和社会主义建设事业乃至一切实际工作的基本方法。一切从人民的利益出发，而不是从个人或小集团的利益出发，向人民负责和向党的领导机关负责的一致性，就是我们共产党人的出发点。必须明确，共产党人的一切言论行动，必须以合乎最广大人民群众的最大利益、为最广大人民群众所拥护为标准。正确处理人民内部矛盾问题，就是我们共产党人经常所说的走群众路线的问题。共产党员要善于同人民群众商量办事，任何时候也不要离开群众。如果党群关系搞不好，社会主义制度就不可能建成，即使建成了也不可能巩固。因此，在我们进入新时代、全面建设社会主义现代化国家的新征程中，必须坚持历史唯物主义，反对历史唯心主义；坚持群众历史观，反对英雄历史观，同时还要高度警惕和反对"英雄和奴隶们共同创造历史"的折中主义的唯心主义历史观。在实际工作中，要时刻牢记和坚持党的群众路线，坚持群众路线的领导方法和工作方法，坚决反对任何形式的主观主义、官僚主义和形式主义。党和政府的重大决策，要深入实际，调查研究，广泛征求群众的意见，做到领导和群众相结合，"顶层设计"与"向基层群众问计"相结合。同时，还要从本国实际出发，分清"延安和西安""东方和西方"，坚决反对毫无原则的米海洛夫斯基式的"从多处采纳长处"、盲目崇拜西方、照搬西方的"新教条主义"和"拼盘主义"。

---

① 列宁全集：第26卷 [M]. 北京：人民出版社，1988：59.
② 联共（布）党史简明教程 [M]. 北京：人民出版社，1975：15.
③ 毛泽东选集：第3卷 [M]. 北京：人民出版社，1991：1031.

党的十八大以来，以习近平同志为代表的中国共产党人，坚持把马克思主义的基本理论与我国的具体实践相结合，深刻总结我国近百年来新民主主义和社会主义建设的历史经验，创立了习近平新时代中国特色社会主义理论，并向全党全国人民发出进一步深化改革，全面建设社会主义现代化强国，实现中华民族伟大复兴的号召。目前，坚冰已经打破，航线已经开通，进军号角已经响起。让我们在以习近平同志为核心的党中央领导下，在马列主义、毛泽东思想和习近平新时代中国特色社会主义理论的指导下，团结奋进，艰苦努力，满怀自信和豪情，迎接一个社会主义现代化强国的出现，迎接中华民族伟大复兴美好而庄重的时刻！

参考文献

1. 列宁全集：第1卷［M］. 北京：人民出版社，1984.

2. 马克思恩格斯全集：第23卷［M］. 北京：人民出版社，1972.

3. 中国人民大学马列主义发展史研究所编. 马克思主义史：第1卷［M］. 北京：人民出版社，1996.

4. 马克思恩格斯全集：第37卷［M］. 北京：人民出版社，1971.

5. 马克思恩格斯全集：第38卷［M］. 北京：人民出版社，1972.

6. 马克思恩格斯全集：第17卷［M］. 北京：人民出版社，1963.

7. 马克思恩格斯全集：第3卷［M］. 北京：人民出版社，1960.

8. 列宁全集：第26卷［M］. 北京：人民出版社，1988.

9. 联共（布）党史简明教程［M］. 北京：人民出版社，1975.

10. 毛泽东选集：第3卷［M］. 北京：人民出版社，1991.

（作者单位：淮北师范大学当代经济研究所）

我国外国经济思想史研究的演变

——基于1998—2019年期刊论文的文献计量分析

李黎力　罗震宇　李俊杰

摘要： 本文对1998—2019年CSSCI期刊发表的外国经济思想史领域的论文展开文献计量分析，以考察外国经济思想史研究在我国近二十年来的发展演变。研究发现，该领域的研究在前十年逐渐上升，自2009年以来却开始不断下降，并且趋向于从西方经济学相关研究转向马克思主义政治经济学相关研究。西方主流经济学引入使命的完成，西方非主流经济学研究的不足，马克思主义政治经济学的复兴以及经济学研究的"应用转向"，共同导致了外国经济思想史研究的需求不足以至衰落。未来应通过正确处理西方经济学与政治经济学之间的关系，加强经济思想编史学训练，助推中国经济学的构建，以及在求知与求用之间保持适当的平衡来振兴该领域的研究。

关键词： 外国经济思想史　经济思想编史学　学术史　文献计量

经济思想编史学是系统探讨经济思想史学科的历史、理论和实践的经济思想史新兴的子学科（李黎力、贾根良，2017，2018）。作为经济思想编史学学科当中的基础性构成部分，经济思想史学科的历史研究是相对滞后于其理论研究

---

①【基金项目】中国人民大学科学研究基金（中央高校基本科研业务费专项资金资助）项目《经济思想史视野下的货币与财政关系研究》（202230196）

的。这不仅表现在学科史方面，也体现在学术史方面。与外国经济思想史学界相比，我国的经济思想史学界在这方面更为落后。对外国经济思想史学科的历史研究，要大大落后于中国经济思想史和马克思主义经济思想史的历史研究。

在此背景之下，本文采用当前新兴的文献计量分析和可视化技术来追踪和考察我国外国经济思想史学术研究在最近二十年来的发展演变，以推进我国外国经济思想史学科的学术史研究。本文首先对研究对象、数据来源和研究方法等作简要介绍，然后通过文献计量分析考察外国经济思想史学术研究在我国的发展演变，最后对本文研究结果进行总结性评论。

一、数据与方法

（一）研究对象和研究方法

作为一项学术史研究，本文的研究对象是外国经济思想史领域的学术研究，目的在于探究外国经济思想史研究在我国近二十年来的演变和发展。从学科分类上看，该研究涉及"经济思想史"二级学科下属的"外国经济思想史"和"马克思主义经济思想史"两大三级学科，但不涉及"中国经济思想史"三级学科。本文之所以未将"马克思主义经济思想史"剔除在外单独考察"外国经济思想史"，主要出于两大考虑：一方面，鉴于我国是一个以马克思主义为指导的社会主义国家，马克思主义经济思想及其思想史在我国外国经济思想史研究当中占据着重要地位，并且与外国非马克思主义经济思想及其思想史研究存在着紧密联系；另一方面，从技术上而言，目前在检索策略上难以将"外国经济思想史"学科研究成果与"马克思主义经济思想史"学科研究成果完全分离开来。

在研究方法上，本文主要运用文献计量和可视化方法，运用CiteSpace和Python软件的不同分析功能，对外国经济思想史领域学术研究成果在诸如关键词、作者、发文机构等不同方面的特征及其演变进行统计分析，并结合定性分析方法，对统计结果进行文献解读、分析和总结，以期探究我国外国经济思想史领域的研究热点和发展趋势。本文具体采取了以下三种研究方法。第一，词频统计分析法。将文字内容转换为量化数据，通过词频统计分析法对文献正文中重要词汇的出现次数进行统计与分析，以此确定学科研究的热点及其变化趋势（安兴茹，2016）。第二，共词分析法与聚类分析法。对同一篇文献中一组词同时出现的次数进行统计，运用共词分析法按照词汇共同出现的频次构建共现矩阵，并以此反映出这些词之间的亲疏关系，进而分析这些词所代表的学科或主题的结构与变化。一组词同时出现的频率越高，它们之间的关系越紧密。本文在共词分析的基础上，还运用聚类分析法，将不同词组按照共现关系的多少形成紧密程度不同的聚类，使共词网络关系简化为类别关系，从而得到不同的研究领域分类，继而可以通过研究这些不同领域的文献组成来探究其内在关系和变化规律。此外，共词分析法一般还会结合网络分析、战略坐标分析等依赖共现矩阵的分析方法（唐果媛，2014）。第三，文献分析法。作为一种定性分析方法，本文将在每一步定量分析之后，对定量分析所揭示出的重要文献资料进行文献分析，并从中归纳出最终的研究结论。相较于普通的文献综述，基于定量分析基础之上的文献分析有更强的目的性，从而提高了文献分析的效率。

（二）数据来源和检索策略

本文所使用数据均来源于中文期刊全文数据库（中国知网，CNKI）。将文献来源限定在 CSSCI 期刊范围内，基于数据的准确性，本文最终采用了如下检索策略。

首先，利用知网自带的"文献分类目录"对文献进行第一层筛选：在"文献分类目录"中选择"经济思想史"（经济与管理科学—经济理论及经济思想史—经济思想史）。

其次，查找中国图书馆分类法得到"经济思想史"领域的中图分类号，并从中剔除"中国经济思想史"领域文献，得到检索语句如下：

CLC ＝ 'F09' ＋ 'F091' ＋ 'F091.1' ＋ 'F091.2' ＋ 'F091.3' ＋ 'F091.31' ＋ 'F091.32' ＋ 'F091.33' ＋ 'F091.34' ＋ 'F091.4' ＋ 'F091.5' ＋ 'F091.9' ＋ 'F091.91' ＋ 'F091.92' ＋ 'F091.93' ＋ 'F091.94' ＋ 'F091.95' ＋ 'F091.96' ＋

'F093/097' − ('F092' + 'F092.2' + 'F092.6' + 'F092.7')[①]

最后，考虑 CSSCI 最早编录文献为 1998 年，本文将发表时间范围设置为 1998—2019 年。略去会议通知、新书刊评等无用文献，并经 Python 的去重（因数据量过大，在直接导出文献时总会出现重复导出的问题）处理后，共得到 5962 条数据。

为使研究结果能反应更多信息，排除不同作者标注习惯的影响，需对所得数据的关键词进行规整化处理，即删除无效关键词，如"地区""现状""启示""出版"等；合并同义关键词，如"马克思""马克思主义""马克思主义经济学""马克思经济学"等统一为"马克思主义经济理论"。

二、分析与考察

（一）年发文量与主要期刊

通过 Python 对文献发表年份和刊载期刊进行提取和统计，本文绘制以下两幅统计图，从中可以大致归纳出外国经济思想史领域的学术发展趋势和重点期刊。

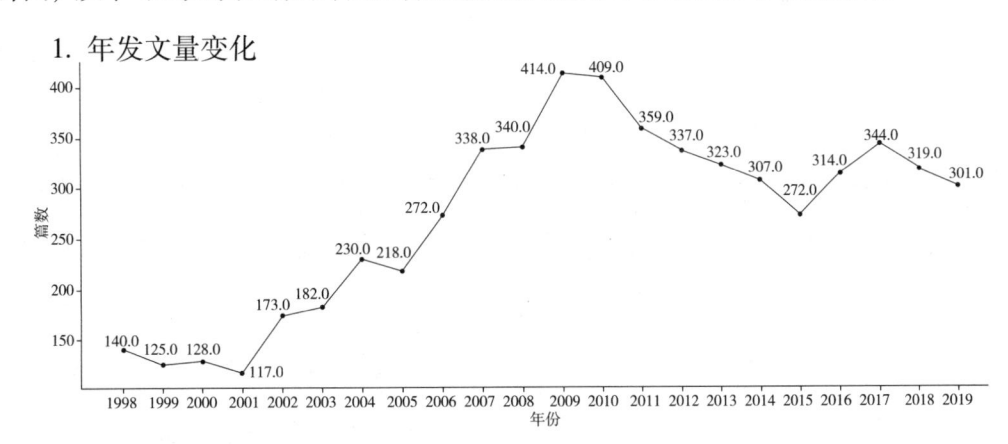

1. 年发文量变化

图 1　1998—2019 年 CSSCI 外国经济思想史领域论文发表数量年度统计

资料来源：通过 Python 对知网下载文献数据的来源期刊进行提取和统计

---

① 在知网的"专业检索"中，经测试对于中图分类号 CLC 只有精确匹配，即若只检索 CLC = 'F09'，无法匹配其子类 'F091' 等，故在此将整个检索树用检索式合并检索。

不考虑 CSSCI 文献收录标准的变化，由图 1 可以看出，1998—2019 年，该领域发文量呈现先增后减的变化趋势。1998—2009 年总体为上升趋势，特别是在 2001—2009 年期间，年发文量持续上升。2010 年后年发文量逐渐下降，至 2015 年后有所回升，并逐渐趋于平稳。

2. 主要期刊发文统计

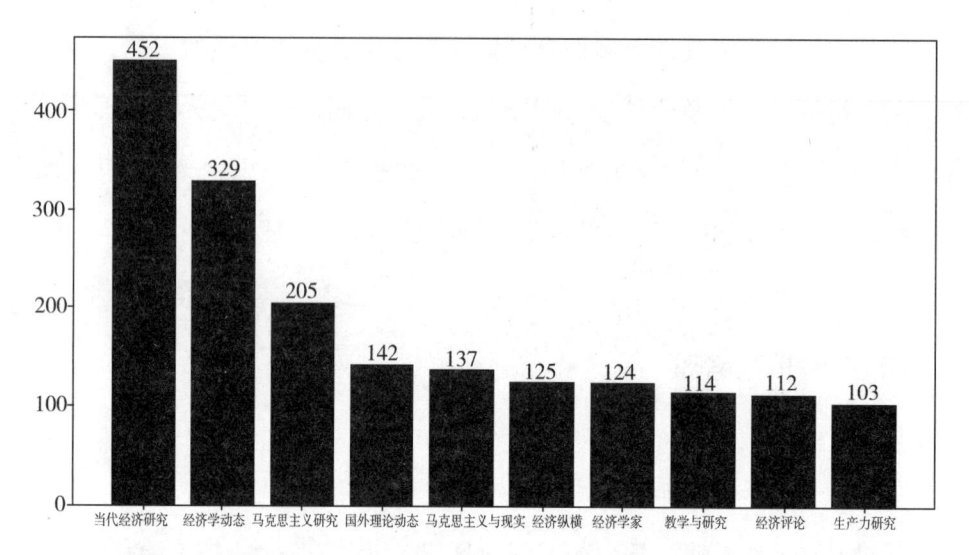

图 2　1998—2019 年 CSSCI 外国经济思想史领域高产作者知识图谱

资料来源：通过 Python 对知网下载文献数据的来源期刊进行提取和统计

图 2 展现了 1998—2019 年间刊载外国经济思想史领域文献超过 100 篇的 CSSCI 学术期刊。其中，发文量最大的是《当代经济研究》（452 篇），该刊由中国《资本论》研究会和长春税务学院联合主办，设有"外国经济思想研究与借鉴"栏目，定期发表外国经济思想史领域研究成果。发文量排第二的是《经济学动态》（329 篇），该刊由中国社会科学院经济研究所主办，同样开设经济思想史相关栏目，定期发表相关研究成果。而《经济纵横》《经济学家》和《经济评论》是其他几家同样定期发表外国经济思想史论文的经济学领域核心期刊，它们通常是政治经济学领域的专业期刊。除了这些经济学领域期刊外，刊文量居于前列的还有《马克思主义研究》（205 篇）、《国外理论动态》（142 篇）、《马克思主义与现实》（137 篇）和《教学与研究》（114 篇）这些马克思主义理论学科领域的核心期刊。

(二) 文献发文作者及机构分析

1. 发文作者

通过阈值设置，只显示Top200的高产作者，将1998—2019年的所有文献置于同一个切片中，用CiteSpace绘制高产作者知识图谱，如图3所示。图中作者文字越大，表示发文量越多，作者之间的连线表示合作关系，连线越粗表示两作者合作次数越多。

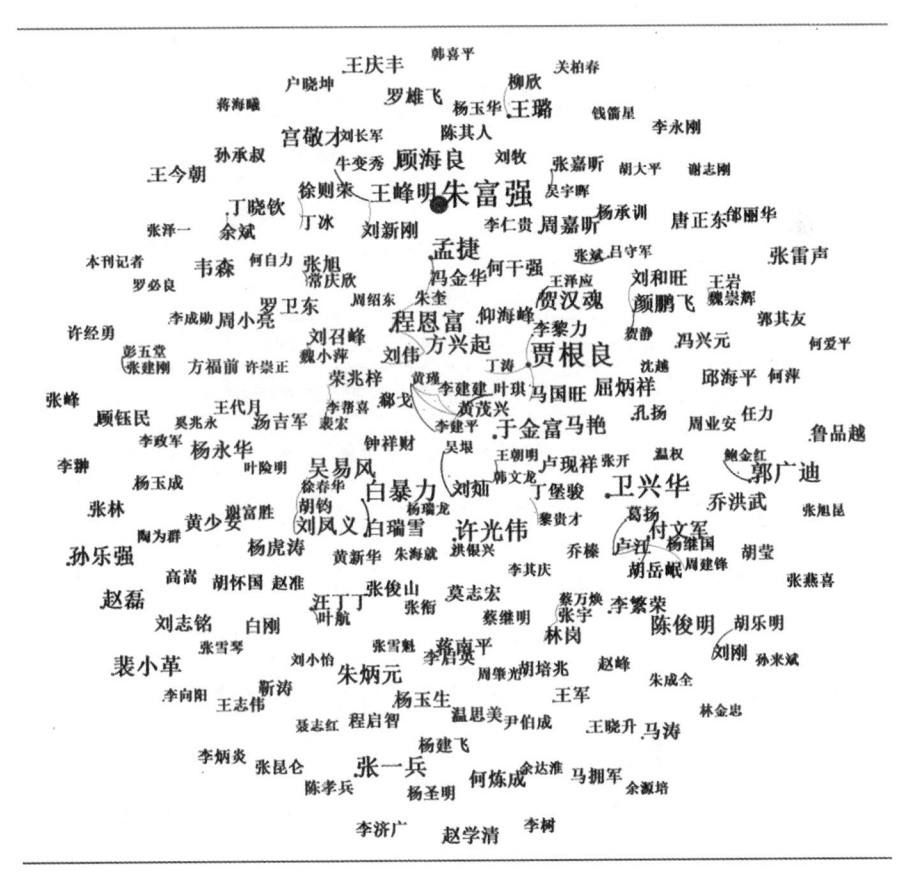

图3 1998—2019年CSSCI外国经济思想史领域高产作者知识图谱

外国经济思想史领域1998—2019年发文量最多的10个高产作者依次为：中山大学的朱富强（49篇）、中国人民大学的贾根良（31篇）、中国人民大学的卫兴华（30篇）、北京师范大学的白暴力（22篇）、中国社会科学院的程恩富（21篇）、复旦大学的孟捷（20篇）、江西财经大学的许光伟（20篇）、南京大学的张一兵（18篇）、教育部社会科学委员会的顾海良（18篇）和中南民族大学的郭广迪（18篇）。用Python根据作者提取其所著文献的关键词，并进行频次统计后，归纳整理得到作者（仅列举发文量前十）的主要研究内容如表1所示：

表1　1998—2019年外国经济思想史领域高产作者主要研究内容表

作者	发文量	主要研究内容
朱富强	49	马克思主义经济理论、主流经济学、经济学方法论
贾根良	31	经济思想史、演化经济学
卫兴华	30	《资本论》研究、社会主义研究、资本主义生产方式研究
白暴力	22	马克思主义经济理论、《资本论》研究
程恩富	21	马克思主义经济理论、西方经济学、经济学流派
孟　捷	20	马克思主义经济理论、资本主义研究
许光伟	20	《资本论》研究、发生学
张一兵	18	鲍德里亚、政治经济学
顾海良	18	经济思想史、马克思主义经济理论
郭广迪	18	马克思主义经济理论、西方经济学

由该表可见，我国从事外国经济思想史研究的学者绝大部分同时从事政治经济学和马克思主义经济理论研究。表1的10位高产作者中，9位全都主要研究马克思主义经济理论，只有贾根良并不从事这方面的研究，而是主要研究演化经济学这种西方非正统或非主流经济学。并且，在这些主要从事马克思主义经济理论研究的学者当中，不少还同时研究西方主流经济学，将政治经济学与西方经济学进行比较研究。

此外，通过发文作者共现图谱可知，在1998—2019年间的国内经济思想史领域，作者合作关系较为紧密的有白暴力和白瑞雪（合作10篇），王泽应和贺汉魂（5篇），郭广迪和鲍金红（5篇），黄茂兴和叶琪（5篇），牛变秀和王峰明（5篇）等。

2. 发文机构

用CiteSpace的Timezone视图绘制并调整1998—2019年经济思想史领域高产发文机构分布，如图4所示。图中节点大小表示机构发文量多少，节点颜色由深到浅表示该机构发文的时间由远到近，时间区域划分表示该机构最早在经济思

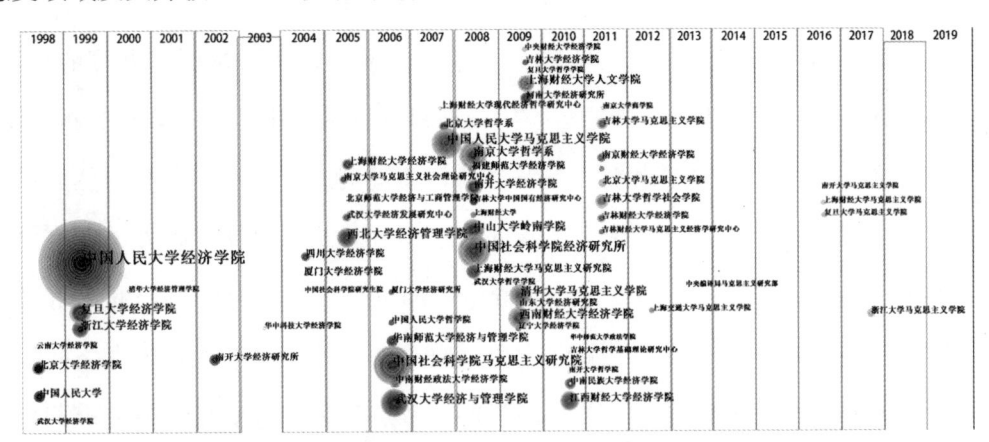

想史领域发文并被 CSSCI 收录的时间。

图 4 1998—2019 年外国经济思想史领域高产发文机构分布图

导出图谱数据的高产机构及其发文量，并合并同义但用词不同的机构（如将"中国人民大学经济学院""中国人民大学经济学系""中国人民大学经济学院北京 100872"等合并为"中国人民大学经济学院"），得到如表 2 所示的统计表（仅列举发文量前十）。从该统计表中我们可以看出，从事外国经济思想史研究的学者主要来自各高校和研究机构的经济学院（或经管学院）和马克思主义学院（或研究院），他们在从事外国经济思想史研究的同时，还专门研究马克思主义经济理论或政治经济学以及西方经济学。

表 2 1998—2019 年外国经济思想史领域高产机构统计表

机构	发文量	最早收录时间
中国人民大学经济学院	225	1999
中国社会科学院经济研究所	72	1998
中国社会科学院马克思主义研究院	67	2006
中国人民大学马克思主义学院	61	2007
复旦大学经济学院	61	1998
西北大学经济管理学院	52	2004
南京大学哲学系	46	2008
武汉大学经济与管理学院	48	2006
西南财经大学经济学院	38	2009
清华大学马克思主义学院	37	2008

(三) 文献关键词分析

关键词是文章作者对其文章的主题热点、研究方向以及创新点等的总结，能较好地反映一篇文章的主要内容，因而在科学计量学中一直是重点分析对象。本文从关键词的统计频率出发，首先对高频关键词进行描述和分析，然后进行关键词的共现聚类分析及对聚类结果的战略坐标分析，以此反映外国经济思想史领域主要研究热点的动态变化。运用 CiteSpace 分析①，得到如图 5 的高频关键词及其聚类结果。图中节点的圆形大小反映关键词的析出频次，节点之间线段的粗细反映两节点关键词共现关系的强弱，节点颜色深浅变化反映关键词所析出的文献发表年份的远近，颜色越深则文献发表年份越久远。

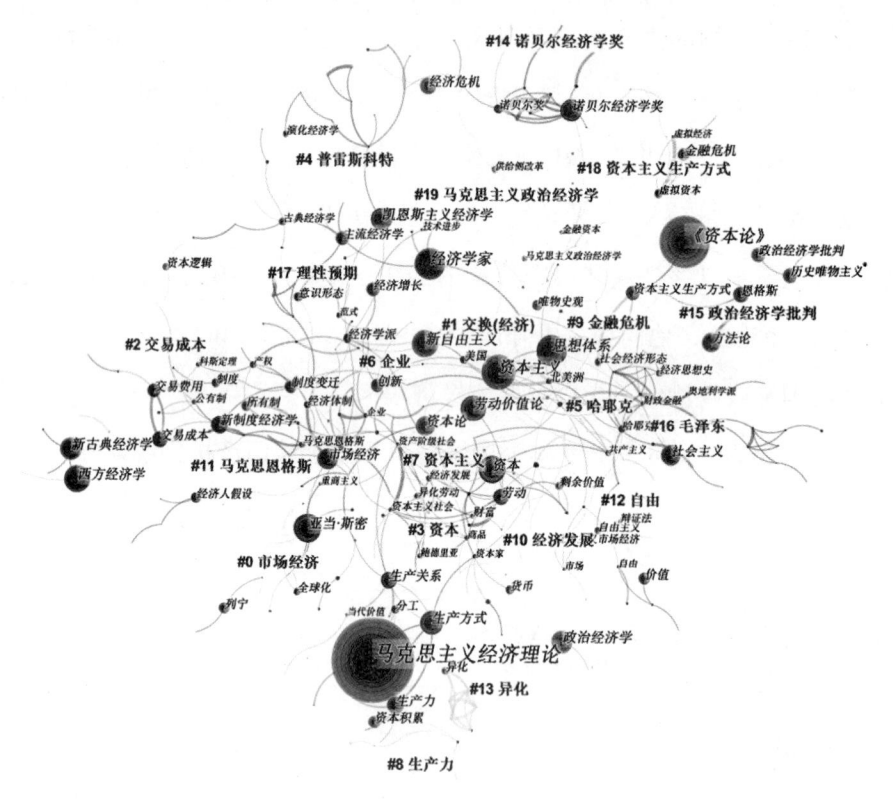

图 5　高频关键词及其聚类分析图

---

① 在对 CNKI 输出的 Refworks 格式文献导出数据进行转化后，考虑到数据量偏大，故设置输入参数如下：年份从 1998—2019 年，单个时间分区设置为 3 年，即 3 年为一个切片。节点类型为关键词，阈值设置为 TOP20%，即选取每个切片内频率排序前 20% 的关键词，并设置每个切片最多有 100 个选中的关键词。因在不剪枝情况下进行聚类分析结果不是很理想，故选择 CiteSpace 自带的剪枝选项。在得到关键词共现网络后，选择聚类，并选择 LLR（Log‑LikelihoodRatio）算法标注每一个聚类的关键词标签。

1. 关键词词频统计和突变分析

将 CiteSpace 共现分析知识图谱的关键词数据全部导出,得到如表 3 的结果(仅列举 10 个)。其中频次代表关键词在聚类所筛选的重点文献中出现的次数;中介中心性是一个节点作为其他节点之间最短路径的中介节点的次数与其作为中介节点总次数的比值,用于测量网络节点在图谱中对其他节点的控制程度,反映了该节点作为中介节点在沟通不同节点方面的重要性和影响力(李杰,2017)。

表 3　国内外国经济思想史领域高频次、高中介中心性关键词排序

排序	关键词	频次	中介中心性
1	马克思主义经济理论	1282	0.01
2	《资本论》	392	0.05
3	资本主义	178	0.1
4	经济学家	171	0.05
5	思想体系	152	0.11
6	资本	126	0.24
7	劳动价值论	117	0.13
8	亚当·斯密	116	0.33
9	生产方式	112	0.14
10	凯恩斯主义经济学	99	0.15

由上述关键词频率分布,我们可以发现我国外国经济思想史研究具有以下两大显著特征。

一方面,与国外一样,国内的经济思想史主要研究的也是经济学家、经济学流派和经济学思想体系。如表 3 所示,其中斯密、马克思和凯恩斯是国内最受关注的三位伟大经济学家,他们各自开创的经济学思想体系——古典—新古典经济学、马克思主义政治经济学和凯恩斯主义经济学,也成为国内学者讨论最多的经济学体系或学派。

另一方面,与国外不同的是,受我国国情影响,国内外国经济思想史研究的很大一部分是面向马克思主义经济思想,因而与政治经济学学科密切联系在一起。上表中的 10 个出现频次最高的关键词中,就有 6 个与此直接相关:马克

思主义经济理论、《资本论》、资本主义、资本、劳动价值论、生产方式。

下面我们根据前文中图1论文发表情况分阶段对关键词进行提取统计，并结合图6的关键词突变分析考查研究重点的动态变化。

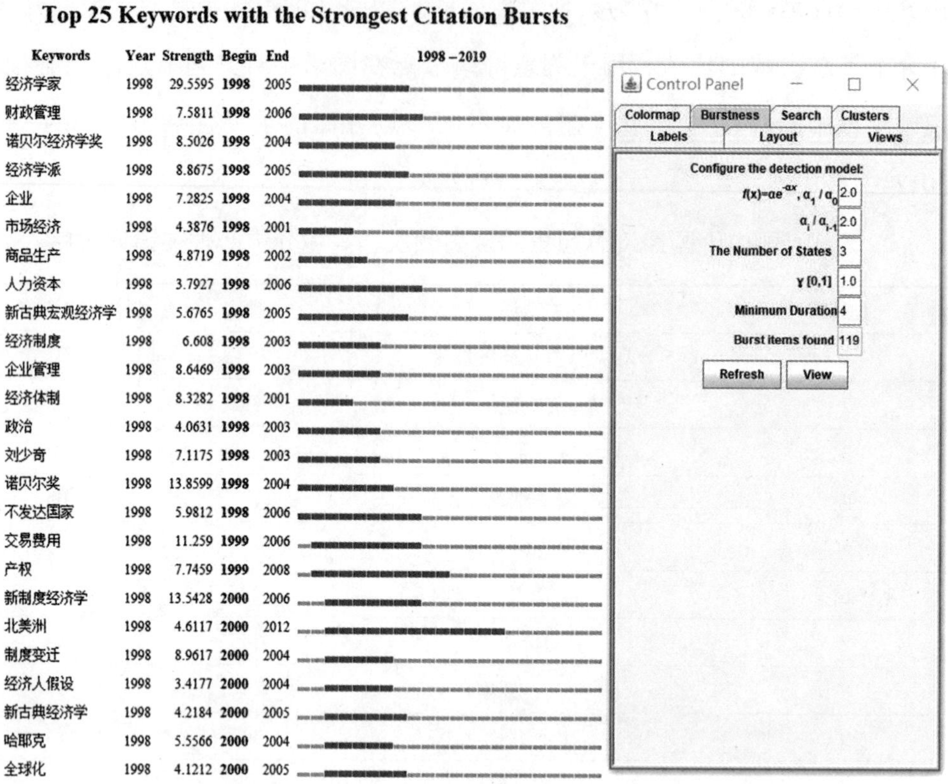

图6 1998—2019年CSSCI经济思想史领域论文关键词突变图

1998—2001年期间，国内经济思想史学界的研究重点主要集中在西方经济学的引入和中国化，以适应中国社会主义市场经济改革的深化。表现在关键词上，研究主要关注的是"经济学家""经济学派"，尤其是"诺贝尔经济学奖"得主和"新古典宏观经济学"等西方主流经济学家和学派有关"市场经济"，"企业"和"企业管理"，"经济制度"和"经济体制"以及"不发达国家"等方面的经济思想和实践。

2002—2005年间，我国外国经济思想史领域发文量开始增加，其中对马克思主义经济理论的研究开始迅速增加，由上一阶段的年均17篇左右增长到这一阶段的年均27篇左右。其他主题的发文量虽然也有所增加，但幅度不是很大。

这一阶段的另一变化是国内经济思想史领域的研究范围开始逐渐扩大，研究对象不再局限于西方传统主流经济学，而是拓展到斩获诺贝尔经济学奖的行为经济学新兴学科，以及以哈耶克为代表的奥地利学派这一非主流学派。对强调市场过程和企业家精神等思想要素的奥地利学派的关注，是与当时我国加入WTO，深化市场经济体制和企业改革分不开的。与之同样密切相关的是，学界也对新制度经济学产生了浓厚兴趣，这一阶段含有"制度""制度变迁""交易费用""产权""企业管理"等与"新制度经济学"相关的关键词的文献数量大增。

2006—2009年间，年发文量继续上升，且上升幅度较上一阶段更大，以马克思主义经济理论为主题的研究更是达到年均86篇左右。因2008年全球金融危机的影响，"金融危机""美国经济""全球化""虚拟资本""资本主义""市场经济"等也成为这一时期经济思想史学界的研究热点。此外，"新自由主义"作为关键词虽最早出现在2000年，但在这一阶段才真正成为学术研究批判的焦点。

2010—2015年间，经济思想史领域的总体发文量有所下降，但值得注意的是，这一阶段对古典经济学相关的研究有所增加，特别是"亚当·斯密"和"《国富论》"相关研究的发文量从上一阶段的年均6篇左右上升到这一阶段的年均11篇左右。这部分反映了国内在政府干预和刺激政策出台背景之下市场化的呼声。因2008年金融危机的影响还未过去，"金融危机"仍然是经济思想史学界的关注焦点，但在这一阶段，相关研究开始上升到对"经济危机"与"资本主义"更深层次的探讨。

2016—2019年间，国内经济思想史发文量呈先上升后下降的波动态势。"供给侧改革"作为时代热点甫一出现，就成为经济思想史学者探讨和研究的焦点。与此相关的，对"中国特色社会主义"的论证也是这一时期的研究热点。此外，这一时期的重点领域还包括"政治经济学"和"政治经济学批判"，"资本""资本逻辑"和"资本积累"等。

2. 关键词共现及聚类分析

接下来我们通过聚类分析来进一步详细考查研究热点的演变。将前文图3聚类结果输出，得到如表4所示的主要聚类序列（仅列举10个），表中聚类标签词为用CiteSpace自带的LLR算法求得。

表4 国内经济思想史领域关键词聚类分布序列表

聚类序号	聚类标签词	聚类节点数	类内轮廓值	平均年份
0	市场经济	30	0.947	2006
1	交换（经济）	29	0.931	2009
2	交易成本	25	0.977	2003
3	资本	24	0.947	2009
4	普雷斯科特	24	0.968	2003
5	哈耶克	23	0.905	2006
6	企业	23	0.87	2002
7	资本主义	21	0.868	2009
8	生产力	19	1	2008
9	金融危机	19	0.896	2012

根据CiteSpace工作原理，聚类序号越小，聚类节点数越多，类内轮廓值反应聚类节点的同质性，数值越大表示该聚类内部节点越相似，平均年份为该聚类内文献的平均发表年份，可反映该聚类内所涉及文献的时间远近。聚类依据是关键词是否经常出现在同一文献中，即共现频率（李杰，2017）。在导出完整的聚类关键词信息后，本文对各聚类结果进行人工整理和归纳，得到表5所示的我国外国经济思想史学界研究热点情况（聚类成员仅列举，非完整）。

表5 国内经济思想史领域研究热点聚类整理

序号	聚类名称	聚类成员
0	市场经济与全球化	逆全球化；贸易保护；自由贸易；人类命运共同体；经济政策；经济全球化；看不见的手；有限理性；世界市场；契约；李嘉图；《国富论》；市场经济；亚当·斯密；重商主义

(续表)

1	商品生产与异化劳动	产业资本；人工智能；共享经济；雇佣劳动；私有财产；金融资本；唯物史观；批判；异化劳动；劳动力商品；当代意义；共产主义；私有财产；雇佣劳动；商品生产；商品交换
2	产权理论	产权界定；产权理论；巴泽尔；经济增长理论；按劳分配；诺思；平等；演化；公平；效率；科斯；科斯定理；新兴古典经济学；制度；制度经济学；交易成本；交易费用；产权
3	马克思主义经典著作及其当代研究	宇野学派；商品流通；货币流通速度；商品拜物教；《1844年经济学哲学手稿》；《1857—1858年经济学手稿》；工资；两大部类；现实意义；《马克思恩格斯全集》；手稿；货币；劳资关系；生产过剩；政治经济学；财富；鲍德里亚；商品；资本主义社会；劳动；生产关系
4	西方经济学理论	齐泽克；黑格尔；经济危机；生态文明；比较研究；新政治经济学；经济周期；可持续发展；研究范式；演化经济学；范式；意识形态；后凯恩斯主义；新古典宏观经济学；凯恩斯主义经济学；普雷斯科特；拉姆齐模型；经济波动
5	奥地利学派	新经济；"经济人"；新时代；波兰尼；政府干预；自由主义；边际效用；维也纳学派；垄断；竞争；奥地利学派；哈耶克；经济思想史；米塞斯；思维形式
6	企业与创新	供给学派；现代性技术进步；收益；报酬递增；一般均衡；劳动生产率；企业家；外部性；公共支出；不确定性；经济增长；财政管理；企业；创新；知识经济；路径依赖
7	经济不平等	工人阶级；克拉克奖；比较优势；明斯基；《21世纪资本论》；不平等；价值转形；托马斯·皮凯蒂；资产阶级；市民社会；金融化；消费社会；消费；资本主义
8	资本积累	不平衡发展；使用价值；原始积累；帝国主义；中国特色社会主义；社会关系；新凯恩斯主义；空间；劳动者；科学发展观；资本积累；资本家；李斯特；生产力；生产方式；收入分配；马克思主义经济理论

(续表)

9	金融危机	非物质劳动；生产资料；货币资本；不完全契约；凯恩斯；契约理论；价值形式；次贷危机；交换价值；金融危机；劳动力；虚拟经济；虚拟资本；剥削者；金融危机
10	发展中国家经济发展	现代性批判；教育经济学；劳动经济学；安格斯·迪顿；生态思想；生态危机；西方马克思主义；和谐社会；发展中国家；技术创新；博弈论；经济发展；非正式制度；斯蒂格利茨；人力资本；不发达国家
11	经济体制	计划经济；共同富裕；物质变换；资本逻辑；经济危机理论；研究方法；个人所有制；私有制；公有制；所有制；计划经济；社会主义初级阶段；制度安排
12	数字劳动	互联网；逻辑；克里斯蒂安·福克斯；数字劳动；思维；正义；辩证法；政府；自由；市场失灵；理性；价值；发展；剥削；剩余价值；自发秩序
13	"空间修复"理论	国家；"地方"；"空间修复"；后殖民批判；物化；空间生产；经济发展方式；《资本论》及其手稿；社会分工；商品经济；异化
14	诺贝尔奖得主的经济思想	公共选择；宪政经济学；兰德；计量经济学；通货膨胀率；行为科学；实验经济学；行为经济学；赫克曼；麦克法登；阿马蒂亚·森；社会福利；诺贝尔奖；诺贝尔经济学奖；期权定价理论
15	马克思主义哲学	资本主义崩溃；垄断资本学派；法兰克福学派；资本有机构成；利润率；政治经济学批判；马克思主义哲学；历史唯物主义；经济学方法论；辩证唯物主义；恩格斯；再生产图式
16	新中国成立初我国经济思想及实践	经济思想；财政；北美洲；陈云；毛泽东；周恩来；刘少奇；金融；财政金融
17	理性预期	效用；危机；宏观经济学；萨缪尔森；社会科学家；经济哲学；理性主义；古典经济学；通货膨胀；主流经济学；经济学家；理性预期

(续表)

18	城乡经济与绿色发展	绿色发展；《巴黎手稿》；城乡融合；共享发展；劳动异化；拜物教；国际金融危机；资本主义生产方式；社会主义；《资本论》；社会经济形态
19	供给侧结构性改革理论探讨	阶级斗争；转型问题；农业；供给侧；扩大再生产；供给侧改革；剩余价值理论；马克思主义政治经济学；劳动价值理论

此外，为了考查以上聚类结果的关键词平均出现时间和受关注程度，本文采取了关键词聚类战略坐标图分析，计算各聚类的新颖度和关注度（罗润东，2015），用 Python 将其结果绘制成战略坐标图，如图 7 所示。并且，为了反映聚类内研究话题的演进，我们还采取了聚类关键词时间线分析，用 CiteSpace 绘制关键词聚类的 Timeline 视图，将关键词按聚类和时间演进结果综合呈现。如图 8 所示，图中越靠近左侧的关键词节点出现的年份越早，关键词的引用频次越多则节点越大，节点之间的连线表示关键词之间的共现关系，时间线上的实线表示该聚类的持续时间，右侧的加粗文字为所属时间线上关键词的聚类标签。

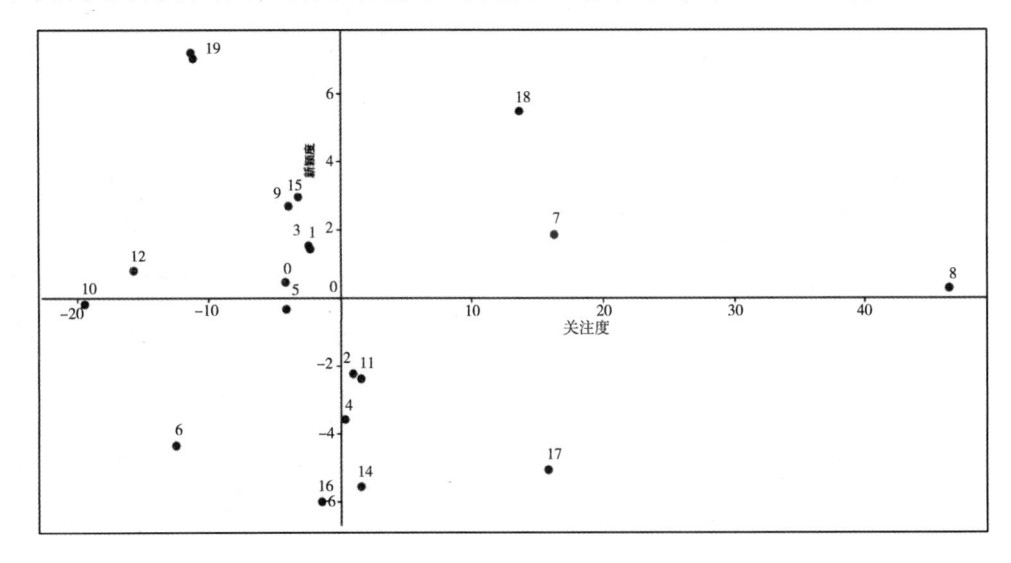

图 7 1998—2019 年 CSSCI 经济思想史领域论文关键词聚类新颖度和关注度战略坐标图

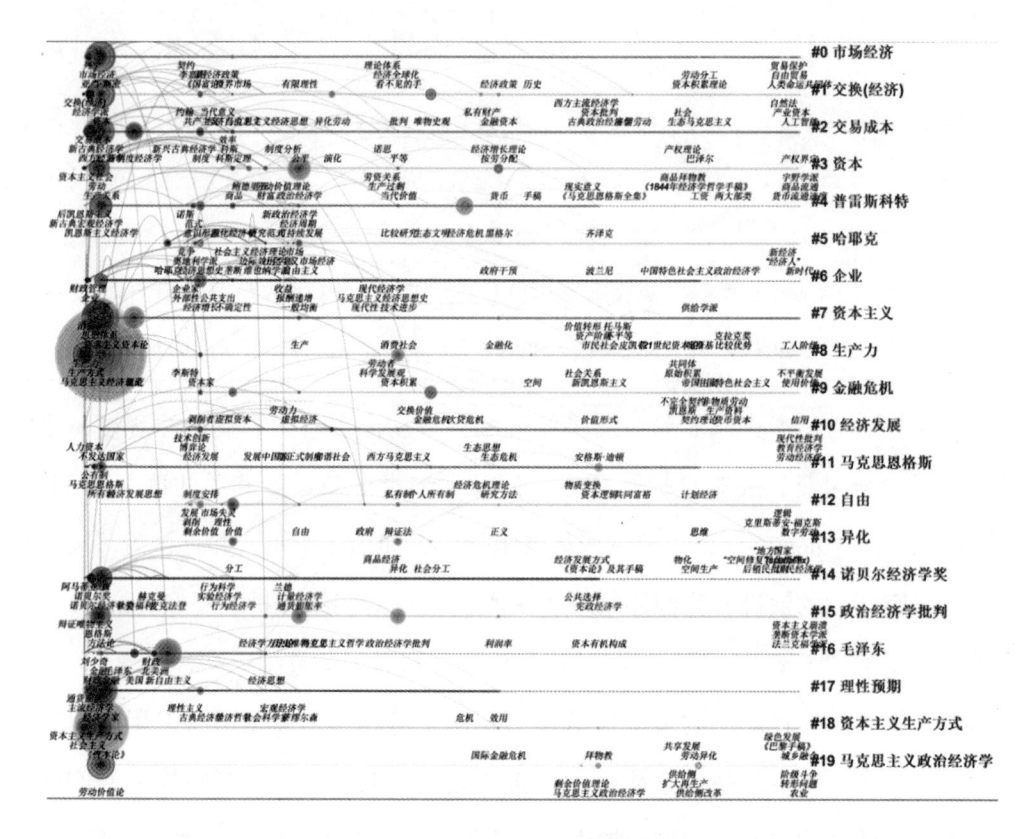

图8　1998—2019年CSSCI经济思想史领域论文聚类关键词时间线图

综合以上聚类分析所得出的两个表和两个图的可视化结果，我们可以进一步分析和解读我国外国经济思想史研究的主要特征及其演变。

第一，我国的外国经济思想史研究一直承担着引入和评介西方主流经济学的重任。世纪之交，主要引介的是当时西方的两大主流宏观经济学流派——新古典宏观经济学（或理性预期学派）和新凯恩斯主义，萨缪尔森的新古典综合或正统凯恩斯主义已不再是评介的焦点。在这两派中，以"理性预期"为主要标签的新古典宏观经济学似乎获得了更多的关注，其代表性经济周期理论，即以"普雷斯科特"等为代表的"真实经济周期"（RBC）理论，成为当时经济思想史学界关注的焦点，以至于该学派构成一种独立的聚类（见表5）。而在经济增长理论方面，"拉姆齐模型"则吸引了不少关注。除了宏观经济学，计量经济学、行为经济学、实验经济学、金融经济学和宪政经济学（公共选择理论或新政治经济学）等这些新兴的经济学，则通过当时对历年诺贝尔经济学奖得主的贡献评介而被引介至国内，自此之后，每年的诺贝尔经济学奖已成为引入和传播西方主流前沿经济思想的重要和常规"窗口"。此外，以科斯和诺思等为主要代表的新制度经济学在20世纪90年代末引入中国之后，成为学界广泛而长期关注的学派，其核心概念"交易成本""交易费用""产权""科斯定理"等成为广为提及的关键词。这在很大程度上是由当时中国的国企改革所推动的，该学派的产权理论为当时的国企改革提供了重要理论基础和镜鉴。

第二，在坚持不懈引介西方主流经济学的同时，自20世纪90年代末以来，外国经济思想史研究越来越多承担着引入西方非主流或异端经济学的角色。20世纪70年代西方国家出现的"滞涨"导致西方主流经济学陷入危机，暴露了西方主流经济学的缺陷，促使我国在引入西方经济学的过程中也同时关注其他替代性的经济学"范式"。其中，后凯恩斯主义是颇有影响力的一支。20世纪90年代整体化推进的中国经济改革产生了对有别于主流理论的后凯恩斯主义的增长分配理论的需求，1997年亚洲金融危机则吸引了人们对后凯恩斯主义独特的货币和金融理论的关注（李黎力，2020；李黎力、问严锴，2020），而2008年全球金融危机的爆发则迎来了后凯恩斯主义蓬勃发展的"黄金时期"，使该学派主要代表明斯基及其衍生而来的"现代货币理论"学派声名鹊起，引发了国内学者前所未有的关注和研究（李黎力，2018，2021a）。然而，在这些西方非主流经济学流派当中，在世纪之交的中国最具影响力的可能要数以哈耶克和米塞斯等为代表的新奥地利学派（或奥地利学派、维也纳学派）。在中国市场化改革"旋风"的推动之下，国内学术界掀起了一股哈耶克热潮，进而产生了一支哈耶克思想在中国本土化的变种——"中国哈耶克主义"（李黎力、徐宁鸿慎，2021）。该学派强调的"自由主义""竞争"和"企业家精神"等思想在一定程度上适应了我国当时的改革和发展需求。但之后尤其是在2008年全球金融危机之后，该学派更多作为一种对比性的"反面"角色，如时间线图8所示，往往与政府干预导向的经济学家波兰尼以及中国特色政治经济学一同出现。此外，自21世纪以来，还有不少学者（如贾根良，2004）开始积极引入和研究演化经济学这种非主流经济学。

第三，我国的外国经济思想史研究很大一部分是与政治经济学或马克思主义经济理论研究联系在一起的。在表5所列的聚类一览表中，20个聚类当中至少有10个与马克思主义政治经济学具有千丝万缕的联系，正如聚类11所表明的，受关注程度较高、兴起时间较早、多年来一直受关注的是有关经济体制的相关政治经济学研究。在中国计划经济体制向市场经济体制改革和转型过程中，一个核心问题在于对生产资料所有制的认识，因此，围绕"公有制"和"私有制"（"个人所有制"）的"社会主义初级阶段"的"制度安排"之间的论争，一直贯穿于中国市场化经济改革之中。而最近开始受到高度关注的有三个主题：第一个是围绕当代资本主义所出现的"金融化""不稳定性""不平等"和"消费社会"等典型问题，产生了对明斯基、皮凯蒂等新近发现的左派经济学家与马克思的比较研究；第二个是围绕当代资本主义和"帝国主义"，"生产力"和"生产方式"方面的"原始积累"和"不平衡发展"，产生的对"李斯特"和马克思有关"中国特色社会主义""科学发展观"的思想研究；第三个是着眼于资本主义与社会主义观照下的"城乡融合"和"绿色发展"研究，要求打破"拜物教"和"劳动异化"。除此之外，外国经济思想史研究当中所涉及的政治经济学或马克思主义经济思想史研究，还包括马克思主义经典著作及其当代马克思主义学派（宇野学派、垄断资本学派、法兰克福学派等）发展研究、前沿马克思主义理论（如哈维的"空间修复"理论）研究、当代新兴话题（如"数字劳动""人工智能""共享经济"）的马克思主义研究等等。

第四，我国的外国经济思想史研究还体现出越来越浓厚的"古为今用"和"洋为中用"的色彩。经济思想史在一定程度上适应和反映了时代的变迁，带有鲜明的时代烙印。20世纪90年代正是经济"全球化"鼎盛的时期，中国2001年加入WTO也借力了这股"东风"。在这种时代背景之下，国内经济思想史学界便援引斯密的"看不见的手"和李嘉图的"比较优势分工"理论，来论证和探讨"自由贸易"和开放的"市场经济"。然而，到2019年，随着美国挑起贸易战并退出一些自由贸易区协定，全球经历了一股"逆全球化"的浪潮。在这种新的背景之下，"重商主义"等"贸易保护"主义思想重见天日，与自由贸易思想再一次展开了争论与交锋。而中国提出的"人类命运共同体"概念和思想则需从这种争论中寻求支持和论证。经济思想史研究的这种应时因地的演变可以在图 8 的聚类关键词时间线中得到很好的展示。2008 年全球金融危机的爆发，则同样复兴了思想史上有关经济周期和金融危机的论争。当代西方主流经济学未能成功预见、解释和应对这场危机（李黎力、沈梓鑫，2012），于是人们纷纷从已故经济学家中寻求智慧，包括凯恩斯、明斯基以及马克思等。他们的经济危机思想重新被挖掘出来解释这场危机，并为应对这场危机提供政策方案。而与当时中国密切相关的外国经济思想史研究也有两个值得关注的例子，一个是关于中国这个欠发达国家的经济发展问题，涉及减少贫困（"安格斯·迪顿"）、提升教育（"人力资本"）、保护生态（"生态危机"）和实现"共同富裕"等；另一个是关于中国 2015 年以来实施的"供给侧结构性改革"的问题，不少研究或从西方供给学派，或从古典政治经济学（马克思的"扩大再生产"理论）寻找该政策实践的理论依据和思想渊源。

三、总结与评论

爬梳 1998—2019 年近 20 年来我国外国经济思想史领域的 CSSCI 期刊论文发表情况发现，论文发表数量在前十年逐渐上升之后，却从 2009 年开始在近十年来出现了不断下降的趋势。这种情况与国外的经济思想史研究变化不同，也与历史上"大萧条"冲击之后经济思想史角色的演变不同。20 世纪 30 年代的大萧条，导致西方主流经济学——新古典经济学陷入危机，促使对当时经济学丧失信心的学者们从思想史研究中寻求慰藉和启示，由此开启了经济思想史学科发展和研究兴盛的"黄金时代"（Goodwin，2008；李黎力、李家瑞，2020）。2008 年全球金融危机以及引发的 2009 年"大衰退"，导致西方主流经济学再一次陷入危机（李黎力、沈梓鑫，2012）。按照西方过去的演变规律，应当有望带来经济思想史研究新一轮的复兴和繁荣，但在国内却产生了出乎意料的不升反降的日渐式微的衰落景象。外国经济思想史研究在我国的这种悖论状况的出现，恰恰源自该领域在我国所表现出来的典型特征及其演变。

自改革开放以来，外国经济思想史学科在我国一直扮演着引入和发展西方经济学学科的重要角色，以至于当今的西方经济学学科便事实上"脱胎"于外国经济思想史学科。20世纪90年代西方经济学在我国最终实现学科独立和制度化飞速发展之后，已不再需要外国经济思想史学科的"牵线搭桥"。外国经济思想史学科的这一历史使命既已宣告完成，因而就逐渐与西方经济学学科分道扬镳，形成了与西方经济学完全不同的研究风格和演变路径。西方经济学内部近十多年来出现的日益碎片化、专业化和数学形式主义，导致过去的外国经济思想史研究无法适应，以至于国内经济思想史学界对近几十年来的所谓"当代西方经济学说史"缺乏系统深入的研究。西方经济学自20世纪90年代以来在我国大行其道，在中国经济学教育和研究中占据了支配地位，致使中国经济学陷入"西方主流经济学教科书范式"崇拜，其结果是2009年"大衰退"事实上在国内并未对西方经济学产生多大的冲击。研究西方经济学的学者并不是像过去"大萧条"之后那样转向经济思想史研究寻求新的范式革命的灵感，而是依然恪守主流经济学范式进行修补和改进。西方经济学与外国经济思想史的"脱钩"，并对"大衰退"冲击的"免疫"，极大地降低了我国对外国经济思想史研究的需求，因而带来近十年来该领域研究的衰落。

相比于西方主流经济学，西方非主流（或非正统、异端）经济学在我国的系统引入和发展则远未完成。西方主流经济学通过在各高校经济学专业本科开设经济学原理或微观经济学和宏观经济学，研究生开设高级微观经济学、高级宏观经济学，在国内得到系统而广泛的传播。与之不同的是，西方非主流经济学却难以在国内高校讲授，只有很少一些高校会在研究生专业课上讲授后凯恩斯主义、奥地利学派、制度学派、演化经济学等非正统学派。绝大部分高校只会向学生们讲授一种西方经济学——即主流经济学。其中的一个典型例子就是最近几年流行起来的现代货币理论（MMT），国内学界之前根本就没有接触过，因而倾向于从主流范式出发来理解和评判，由此产生了大量的误解（李黎力，2021a）。这种情况是西方主流经济学长期排斥甚至打压的结果，他们将这些非正统经济学视作"异端邪说"，甚至认为它们根本就不属于经济学，以至于在国外经济学分类中，经济思想史是与异端经济学被划分在一起的，因而国外从事经济思想史研究的通常就是异端经济学家（贾根良、兰无双，2016）。我国的情况大体上差不多，如前文文献计量分析所表明的，研究外国经济思想史的也主要是研究马克思主义以及演化经济学等异端学派的学者。马克思主义在国外也属于异端经济学，并且是异端学派中研究人员数量最多的学派（拉沃，2021）。但由于国内从事非马克思主义异端学派的学者太少，导致与之相关的外国经济思想史的研究不足，无法弥补西方主流经济学对其需求的下降。

而近些年来有所复兴的马克思主义政治经济学，却似乎同样未能弥补外国经济思想史研究出现的"需求缺口"。外国经济思想史与政治经济学学科在我国具有特殊的紧密关系。新中国成立后确立了政治经济学的正统地位，而外国经济思想史学科随之作为一种理论斗争和建设的武器，承担服务于政治经济学建设，致力于"资产阶级庸俗经济学"批判的功能（李黎力，2021b）。正因如此，在我国的学科分类中，经济思想史学科紧随政治经济学学科之后，被列入"理论经济学"一级学科前两位。但改革开放后随着中国重启系统引进和学习西方经济学之旅，外国经济思想史成为西方经济学学科建设的"桥头堡"，与政治经济学渐行渐远。20世纪90年代随着西方经济学的独立和大行其道，不仅经济思想史因与之分道扬镳而被边缘化，而且政治经济学在国内也遭受了边缘化的趋势。在这种背景之下，正如我们前文文献计量分析中所看到的，作为"同是天涯沦落人"的"旧相识"，外国经济思想史与政治经济学"重归于好"，在一定程度上构成了对抗和批判西方主流经济学的"同盟军"——在学术谱系上，马克思主义与其他西方异端经济学流派具有很多共同的渊源和联系。近些年来，尤其是自党的十八大以来，政治经济学的复兴和重归主流，原本预期有助于外国经济思想史研究的复兴和发展，但现实却并非如此。不少过去发表外国经济思想史论文的政治经济学期刊，现在存在更大的政治经济学论文发表需求和压力，因而不得不减少外国经济思想史领域的发表空间。并且，政治经济学内部出现的一些对西方异端经济学（也被称作"庸俗经济学"）的排斥和敌视的倾向，更进一步挤压了外国经济思想史的生存空间。

最后，我国外国经济思想史研究近些年来所体现出来的鲜明的时代性和时效性，在一定程度上反而抑制了该领域研究的发展。随着西方主流经济学近几十年来的数学形式主义加速和"应用转向"，经济学理论模型在变得越来越抽象和复杂的同时，却离现实越来越远，不仅无法有效地解释现实经济的运行，而且无视当今一些重大经济问题。2008年全球金融危机在一定程度上揭露了西方主流经济学这一方面的重大缺陷——"误以美为真"。在此背景下，我国近年来强化了对中国经济学研究的"现实性"和"实用性"的要求——立足中国实践，以现实问题为导向，以解决当今迫切重大问题为旨归，将实践提炼为系统化的理论学说。这本身是克服西方主流经济学缺陷，吸取其教训的明智之举，但不幸的是，它却被"一刀切"地拿来要求所有的经济学学科的研究。作为理论经济学学科当中最为基础性的学科，外国经济思想史并不能直接用来研究和解决现实经济问题。然而，在当前这种评判标准之下，从事经济思想史研究的机会成本变得越来越高，以至于一些过去从事思想史研究的学者转向了应用经济学研究，坚守经济思想史研究的学者则不得不"削足适履"，援古证今，以求"经世致用"。这无疑在很大程度上限制了外国经济思想史学科的研究范围，因而也抑制了该学科的可持续发展。

面对以上诸多不利条件，外国经济思想史研究在我国应当如何实现振兴和发展呢？首先，外国经济思想史研究应正确和妥善处理与西方经济学和政治经济学的关系，有效推动理论经济学的发展。一方面，经济思想史学者应更多关注和深入研究当代西方经济学近半个世纪的演变和发展，从"思想"和"实践"两个层面去学习和理解西方经济学这几十年来的重大转变；另一方面，经济思想史学者同时应深耕马克思主义政治经济学，学习马克思主义中国化的历史和发展。在此基础上打通和吸收这两个学科的科学有益成分，发挥经济思想史"最后的通才"的角色，整合和助推理论经济学的发展。其次，为了适应和理解当代经济学最近几十年翻天覆地的变化和日新月异的发展，经济思想史研究亟需通过加强自身的经济思想编史学训练，提升该学科领域的历史素养和专业技能，更新经济思想史研究的多样化方法和技术。再次，积极发挥经济思想史研究在中国经济学构建当中的重要功能和价值。一方面通过总结和分析经济思想史演化的时空模式和规律,为中国经济学的构建提供历史依据和启示;另一方面,通过研究西方各种非主流的经济思想和学说,为将中国的实践上升为系统化的理论学说提供多元主义的视角。最后,经济思想史研究应当在"求实存真"与"经世致用"二者之间寻求和保持一定的张力和平衡,忽视任何一方都不利于该领域研究的可持续发展。

参考文献

1. 拉沃. 后凯恩斯主义经济学:新基础 [M]. 北京:中国人民大学出版社,2021.

2. 安兴茹. 我国词频分析法的方法论研究(I)——统计分析要素的界定、分类及问题 [J]. 情报杂志,2016(2).

3. 陈悦,刘则渊. 悄然兴起的科学知识图谱 [J]. 科学学研究,2005(2).

4. 陈悦,刘则渊,陈劲,侯剑华. 科学知识图谱的发展历程 [J]. 科学学研究,2008(3).

5. 陈悦,陈超美,刘则渊,胡志刚,王贤文. CiteSpace 知识图谱的方法论功能 [J]. 科学学研究,2015(2).

6. 何晓琦. 经验主义和理性主义的争论与调和——简论西方经济学理论的认识论和方法论演进 [J]. 学术研究,2003(5).

7. 贾根良. 理解演化经济学 [J]. 中国社会科学,2004(2).

8. 贾根良,兰无双. 如何评价经济思想史家大都是异端经济学家?[J]. 南开学报:哲学社会科学版,2016(5).

9. 李杰,陈超美. CiteSpace:科技文本挖掘及可视化 [M]. 北京:首都经济贸易大学出版社,2017:93,102.

10. 李黎力. 明斯基经济思想研究 [M]. 北京:商务印书馆,2018.

11. 李黎力. 后凯恩斯主义在中国八十载 [N]. 社会科学报,2020-11-5.

12. 李黎力. 危机经济学:现代货币理论的思想误区和学理破解 [J]. 探索与争鸣,2021(1).

13. 李黎力. 外国经济思想史学科的世纪流变 [N]. 中国社会科学报,2021-8-11.

14. 李黎力，贾根良. 经济思想编史学：学科性质、内容与意义 [J]. 经济学动态，2017（11）.

15. 李黎力，贾根良. 建立和发展经济思想编史学 [N]. 中国社会科学报，2018-3-16.

16. 李黎力，李家瑞. 20世纪以来经济思想史学科的演变——基于JEL分类体系的考察 [J]. 中国人民大学学报，2020（6）.

17. 李黎力，沈梓鑫. 经济学向何处去——金融危机以来的经济学反思 [J]. 经济理论与经济管理，2012（7）.

18. 李黎力，问严锴. 后凯恩斯主义在中国的引入和传播：1949—2019年 [J]. 经济纵横，2020（4）.

19. 李黎力，徐宁鸿慎. 新奥地利经济学派在中国：历史与展望 [J]. 上海经济研究，2021（3）.

20. 罗润东. 中国经济学研究动态报告 [M]. 北京：社会科学文献出版社，2015：29-31.

21. 孙晓宁. 国内知识管理学科体系结构可视化研究——基于CSSCI的科学知识图谱 [D]. 安徽大学，2013：13-16.

22. 唐果媛，张薇. 国内外共词分析法研究的发展与分析 [J]. 图书情报工作，2014（22）.

23. 唐旭昌. 大卫·哈维的"时间—空间修复"理论 [J]. 南通大学学报：社会科学版，2010（3）.

24. 徐文强. 新古典宏观经济理论的发展及其政策启示 [J]. 财经理论与实践，2007（2）.

25. Chen, C.. CiteSpace Ⅱ: Detecting and Visualizing Emerging Trends and Transient Patterns in Scientific Literature [J]. Journal of the American Society for Information Science and Technology, 2006, vol57（3），359-377.

26. Chen, C., HuZ., and LiuS.. Emerging Trends in Regenerative Medicine: a Scientometric Analysis in CiteSpace [J]. Expert Opinion on Biological Therapy, 2012, vol12（5），593-608.

27. Goodwin, C. D.. "History of Economic Thought." In The New Palgrave Dictionary of Economics, 2ndedition, Volume4, edited by Steven Durlauf and Lawrence Blume, London: Palgrave Macmillan, 2008, 48–57.

（作者单位：中国人民大学经济学院、爱丁堡大学）

西方经济学与马克思主义经济学学科定位比较研究

杨博文

摘要： 西方经济学和马克思主义经济学分别将自身定位为一门自然科学和人文社会科学，由此引发的研究范式区别也导致了二者科学性的区别。西方经济学以资源配置为主的研究对象、以还原主义和理性主义为主的认识论和以实证主义为主的方法论不仅没有使西方经济学成为一门科学，反而大大降低了自身的科学性。而马克思主义经济学生产的物质内容和社会形式的统一的研究对象、以辩证唯物主义为主的认识论和以规范分析和科学实证分析相结合的方法论则保证了马克思主义经济学高度的科学性。其中，不同的经济基础和哲学理论是二者学科定位差异的根本原因。只有坚持人文社会科学的定位，才能使马克思主义经济学保持自身的特色和科学性，得到更好的发展。

关键词： 学科定位　自然科学　人文社会科学　认识论　方法论

众所周知，西方经济学和马克思主义经济学分属不同的两个流派，二者在理论基础、研究方法、价值取向等方面存在着许多差异。其中，一个经常被人们忽视的问题就是二者的学科定位和归属问题。西方经济学研究者将西方经济学定位为一门接近物理、数学的自然科学或者是准自然科学，以区别于其他人文社会科学。同时，大量由自然科学转向经济学研究的学者构成了西方经济学的研究队伍。西方经济学的教学、科研、招生都倾向于自然科学。与之相反，马克思主义经济学则坚持强调自身的人文社会科学特征。现实中，马克思主义经济学的研究队伍构成、研究范式和方法更多体现了人文社会科学的特色，也更多地吸纳了历史学、政治学、社会学、法学等诸多领域学术思想。因此，分别定位于自然科学的西方经济学和定位于社会科学的马克思主义经济学，存在着巨大差异。

学科定位和归属问题之所以重要，是因为它说明了经济学的本质，即经济学究竟是自然科学还是社会科学。进一步说，学科定位不仅是西方经济学和马克思主义经济学自身的问题，而且包含了"经济学"这一更大概念的归属以及话语体系和研究阵地的主导权。与此同时，在自然科学和人文社会科学的定位中，最为重要的概念是"科学"。西方经济学和马克思主义经济学的不同定位和归属，很大程度上也是为了自身的科学性。因此，对学科定位问题的研究，具有重要意义。

长久以来，西方经济学和马克思主义经济学的定位差异，对人们的思维形成了一定的困扰，也不利于在新时代中国经济学体系的构建和发展。在这样的背景下，本文试图着力解决的问题是"西方经济学和马克思主义经济学分别将自身定位为自然科学和人文社会科学，究竟何者更为科学？造成这种分歧的深层次原因是什么？"为了打破人们心中的迷思，厘清思维中的错误，本文将分别从西方经济学和马克思主义经济学的角度进行分析，着重探索比较二者的研究对象、认识论、世界观和方法论，在比较中发现真理与谬误。另外，本文也尝试分析造成二者分歧的深层次原因，并为更好地理解经济学的学科属性和特质，更好地建设中国特色社会主义经济学提供一些有价值的参考和借鉴意义。

一、西方经济学与马克思主义经济学理论及学科定位差异

研究对象、认识论、方法论的不同，构成西方经济学和马克思主义经济学学科定位的主要差异。

（一）研究对象及学科定位差异

西方经济学的研究对象以资源配置为主，也就是"人与物"和"物与物"

的关系，非常接近工程学的内容。实际上，早在古典政治经济学时期，经济学家们并非单纯研究资源配置，往往将这一问题置于特定的历史环境或者制度环境下。但随着资本主义发展与阶级斗争日趋激烈，代表不同利益集团的规范经济学理论也出现冲突与差异，在这种背景下，威廉·西尼尔率先提出要把经济学改造成一门研究"自然、生产和财富分配"的纯粹经济学，以"价值中立"来取代经济学的伦理道德性质，从而开创了经济学"自然转向"的先河。

而边际学派则以开创经济流派和思想体系的方式大大加深了经济学自然科学的特质，1850年德国经济学家戈森出版的《人类交换诸法则的发展及人类行为的规范》已经开始用数学方法深入探讨经济学问题，而随后英国经济学家杰文斯和法国经济学家瓦尔拉斯则重拾戈森的理论，以一场"边际革命"为后来的新古典经济学奠定了理论基础。边际学派的领袖杰文斯本人就具备物理学和数学知识，而瓦尔拉斯也在研究经济学的过程中自学微积分，其创立的一般均衡理论也受了物理学教材《静力学基础》的影响，具有明显的自然科学倾向。在1874年出版的《纯粹政治经济学要义》中，瓦尔拉斯这样写道："纯粹经济学是实用经济学和社会经济学的基础""是一门如同力学和水力学一样的物理—数学的科学"。这里面的"纯粹经济学"就是现代西方经济学中微观经济学的雏形，代表着排除了制度因素和伦理道德的数理逻辑。瓦尔拉斯在书中将经济中的货币计算与他崇尚的数学研究结合起来，使价格成为研究经济问题的中介，这一做法也使过去带有道德伦理范畴的价值被"价值无涉"的价格彻底取代。

边际主义学派以及日后以马歇尔为代表的新古典经济学派，将经济学彻底变成一门仅仅研究资源配置的科学。罗宾斯在《经济科学的性质和意义》中曾这样定义："经济科学研究的是人类行为在配置稀缺手段时所表现的形式……经济学是把人类行为当作目的与具有各种不同用途的稀缺手段之间的一种关系来研究的科学。"[①] 这种变化能够反映出西方经济学的一种趋势和取向，即抛弃一切制度因素和伦理道德因素，使经济学的研究对象变成一个纯粹的技术性问题。

---

① 莱昂内尔·罗宾斯. 经济科学的性质和意义 [M]. 北京：商务印书馆，2000：19 - 20.

二战后的西方经济学引入了包括博弈论、运筹学等眼花缭乱的数学方法，但关于资源配置的研究对象基本上被固定下来，萨缪尔森在《经济学》中就曾这样定义："经济学研究的是一个社会如何利用稀缺的资源生产有价值的商品，并将他们在不同的个体之间进行分配。"而作为"经济学帝国主义"先驱的加里·贝克尔虽然从形式上将经济学的研究范围扩展到家庭、婚姻、犯罪甚至更广，但仍旧是以资源配置的研究对象进行横向扩展，没有改变其本质。

马克思主义经济学的研究对象是社会生产关系及其发展规律，也就是生产的物质内容和社会形式的统一。在《政治经济学批判序言》中，马克思就曾明确指出："摆在面前的对象，首先是物质生产，在社会中进行生产的个人，因而，这些个人的一定社会性质的生产，自然是出发点"。[①] 后来，马克思在《资本论》的序言中写道："我要在本书中研究的，是资本主义生产方式以及和它相适应的生产关系和交换关系。"[②] 这说明，物质资料的生产构成了马克思主义经济学的研究起点，而物质资料的生产又可以分为两大部分：一部分是生产的物质内容，也就是具体形式；一部分是生产的社会形式，也就是社会关系。值得一提的是，马克思主义经济学虽然没有提到资源配置，但是不能因此认为马克思主义经济学不研究资源配置。孟捷教授认为：马克思以研究生产方式为名研究了资源配置方式，[③] 资源配置已经被包含在生产关系中了。因此，在研究对象上面，马克思主义经济学具有比西方经济学更为广泛的意义和内涵，它不仅包含了资源配置，也包含了在资源配置背后人的社会关系。

马克思主义经济学的研究对象体现了它的人文社会科学定位，即在研究资源配置的同时，重点研究社会关系，具有西方经济学所不及的优势。马克思认为，物与物的关系（资源配置）是自然关系，而人与物、人与人的关系才是社会关系。在马克思主义经济学中，人是进行社会生产和资源配置的主体。资源配置不是如同技术和工艺学一般的客观存在，而受到生产关系的制约，受到不

[①] 马克思恩格斯全集：第 20 卷 [M]. 北京：人民出版社，2012：160.
[②] 马克思. 资本论：第 1 卷 [M]. 北京：人民出版社，2018：18.
[③] 孟捷. 马克思主义经济学范式中的生产方式与资源配置方式 [J]. 教学与研究，2000（11）：28.

同阶级和不同主体在生产过程中地位的影响。资源配置这一定义缺少了生产的劳动者，也缺少了作为人的类本质的生产活动维度，而劳动力才是生产要素中最关键的部分，劳动者是生产活动以及资源分配的主体。生产关系包括生产资料的所有制关系、生产过程中人与人的关系以及产品的分配关系，比资源配置具有更为丰富的内涵。

同时，马克思主义经济学将资源配置置于历史中研究，并发现不同的历史时期存在不同的资源配置规律。在原始社会，生产力水平低下，因此采取集体资源配置。而在奴隶社会和封建社会，市场还不完善，资源配置方式多样化，商品经济处于从属地位。在资本主义社会和社会主义社会，技术进步带来了劳动的集约，商品经济发达，市场成为资源配置的主体，对资源配置起到基础性作用。发达社会主义社会中的资源配置将由市场和政府共同完成。在更为发达的共产主义社会，将实行按需分配的资源配置方式，商品经济将逐渐消失。马克思主义经济学立足于人文社会科学，研究生产的物质对象和社会形式，将资源配置置于生产关系以内，具有高度的科学性。

（二）认识论及学科定位差异

西方经济学的认识论以还原主义和理性主义为主。纵览经济学说史，我们发现西方经济学的自然科学认识论始终与自然科学的发展相伴行。经济学是启蒙运动以来理性主义、科学主义和个人主义传统的产物，是对近现代自然科学的模仿。[1] 例如，自"边际革命"以后作为价值替代的效用概念，就带有明显的自然科学特征，18世纪的数学家伯努里也在自己的《测定风险新理论之解说》一文中提出了边际效用和效用递减的思想。而近代根植于科学的还原主义和理性主义，则成为推动西方经济学加速自身"自然科学化"的助推器。

还原主义认识论，源自牛顿经典力学，是近代自然科学的一种认识论，强调在一定的前提和范围内，人们能够找到最为基础、原始的个体运动方式和作用机理。在此基础上，人们将个体简单加总，就得到了关于事物整体的规律。

---

[1] 肖磊. 经济学"还原主义"方法论：批评与反思 [J]. 经济评论，2008 (1)：89.

在西方经济学中，不论是瓦尔拉斯一般均衡理论，还是新古典增长理论，都是典型的还原论。20世纪70年代后的新古典宏观经济学，将宏观经济学建立在微观经济学的基础上，利用个人效用最大化选择推导出宏观经济学的整体特征。理性主义认识论与经验主义认识论相对应，早在古希腊时代就已经被毕达哥拉斯初步提出，认为人的理性可以作为知识来源的理论基础，并且高于独立于人的感官和感知。笛卡尔就认为有一些永恒的真理，可以不经由社会经验，完全由理性推理得出，其中体现为人可以运用数学方法和逻辑推理去研究事物的发展规律，而不经过实践和经验。这种自然科学的思维在经济学具有多重体现：包括理性经济人假设，以及带有极强主观概念的效用价值。米塞斯曾表示："没有比用'主观使用价值'这个短语能更清楚地描述现代经济学的特征的了。"[①]西方经济学家放弃了古典政治经济学崇尚的经验主义，将还原主义和理性主义作为认识论基础，以便更方便地进行经济学研究，向自然科学靠拢。

马克思主义经济学的认识论以辩证唯物主义为主。由于将自身定位为一门人文社会科学，马克思采用辩证唯物主义认识论认识世界和感知世界。辩证唯物主义强调整体和部分的辩证关系，整体和部分既相互区别又相互联系，整体居于主导地位，且具有部分所不可替代的特征和属性——社会关系和群体属性。虽然马克思强调整体的重要性，但马克思并不盲目反对从个体出发去研究问题，但作为个体的人无时无刻不受到他所处的社会环境的制约和影响，并生活在整体的环境之下。马克思研究的经济学也是从单个人出发，但这里的个人不是还原主义下的个体，而是一定社会关系下的人，被称为"社会关系的综合"。整体具有个体所没有的群体性特征。被西方经济学摒弃的阶级就是群体概念的最好体现，阶级斗争是人类历史社会发展的基础，人类社会发展的历程是代表先进生产力的新阶级占据主导地位，夺取国家政权的历程。掌握资本的资产阶级需要积累资本进行再生产，而出卖劳动力的无产阶级需要赚取生活费用来满足自身的需要，即使真如西方经济学一般假定他们的偏好和效用，那么效用函数也

---

① 陈晓东. 经济学的理性主义思想基础及其局限——兼论新时代中国特色经济学理论创新[J]. 区域经济评论, 2019(1): 16.

必然存在差异。

与此同时，辩证唯物主义反对基于自然主义的绝对理性，强调实践论。马克思主义经济学认为实践是认识的来源，也是认识发展的动力，是检验认识的真理性的唯一标准。之所以说实践论比理性主义认识论更科学，是因为实践论归根结底是辩证唯物主义认识论。西方经济学所崇尚的"绝对理性"，只不过是自然科学思维在社会科学领域的反映，而且这样一种理性超越了实践，本质上是一种不折不扣的客观唯心主义。以实践论为主的唯物主义认识论基于实践得到认知，与理性主义不同，实践论强调有限理性。程恩富教授依据人类历史发展的实践，认为人不仅有利己的理性，而且有利己和利他主义行为，集体主义下的人就愿意花费自己的精力去帮助别人。在良好的制度下，公有经济的基础就是为社会谋福利。[①] 摩尔根在研究原始社会时期印第安人的生活时就已经发现："很大程度上生活中的共产制是印第安部落生活条件的必然结果……实际上，这是为了获得给养而采取的联合努力，而这种联合努力在生活上是必须的，并且占有支配地位。在他们心里还没有产生任何可见程度的个人蓄积的欲望。"[②] 由此可见，马克思主义经济学根据人们的实践得出结论，并且认识世界和改造世界，从客观事实上说明了人的理性是有限的，集体主义社会中的人们也会做出利他主义的事情，而不会像西方经济学家笔下的助人为乐、利他行为只是为了满足自己的主观需求。

（三）方法论及学科定位差异

西方经济学理论的发展史，与西方哲学史的发展密不可分，实证主义、逻辑实证主义和证伪主义构成了西方经济学的方法论。[③] 实证主义诞生于 19 世纪 30—40 年代，代表人物有法国的孔德和英国的约翰·斯图亚特·穆勒。实证主义者就这样复述他们的观点——科学是睿智修养、人文修养的手段，而且完善

[①] 程恩富. 高级政治经济学 [M]. 上海：上海财经大学出版社, 2012 年：6.
[②] 摩尔根. 印第安人的房屋建筑与家庭生活 [M]. 北京：文物出版社, 1992：86.
[③] 黄家瑶. 论科学哲学对西方经济学的影响 [J]. 宁波大学学报：人文科学版, 2001（6）：88-89.

这一观点。① 持实证主义方法论的西方经济学着力回答"是什么"的问题，从而体现出"价值无涉"的绝对客观性。约翰·斯图亚特·穆勒关于分配的特殊性与生产一般性的认识，以及实证与规范二分法的错误还对经济学的发展产生了消极的影响，即分配是纯粹规范经济学的内容，而生产则是实证经济学的范畴②，在某种程度上也说明他为何能够成为古典政治经济学的"终结者"。而20世纪初，经典物理学危机催生的逻辑实证主义（分析主义）被认为是实证主义发展阶段的最高峰。逻辑实证主义一方面要求对经济学进行形式化的数理表达，一方面要求对理论进行经验性的验证，但需要特别强调，它并不是经验主义认识论的方法论体现，而仍然是基于理性主义的方法论。20世纪60年代，阿罗和德布鲁利用拓扑学对一般均衡理论的论证，以及以弗里希和丁伯根在计量经济学的突出贡献，也是逻辑实证主义的表现。弗里德曼强调："从原则上说，实证经济学是独立于任何特别的伦理观念或规范判断的。""实践所提供的证据是大量的，而且常常是稳定性的，犹如经过了设计的实验一般。"

马克思主义经济学的方法论是规范分析和科学实证分析的结合。与西方经济学不同，马克思主义经济学人文社会科学的定位，决定了它保留了规范分析的传统。马克思反对自然科学色彩浓厚的实证主义方法论，在立足人文社会科学的基础上，坚持规范分析，而且也吸收了实证分析，创立了科学实证主义方法论。在规范分析上，马克思主义经济学继承了古典经济学的特点，将价值判断和伦理道德置于经济研究的框架内，不仅研究物质资源的生产方式及分配方式，更重要的是研究在资源分配中社会不同阶级、不同群体的利益分配，关注社会整体的财富和阶级地位，尤其是弱势群体的待遇等问题。与没有规范分析的西方经济学相反，马克思主义经济学从人本主义出发，从资源配置的合理程度来反思和批判生产关系是否科学、社会制度是否合理。

在实证主义分析上，马克思主义经济学在坚持规范分析的基础上有机、合理地吸收了实证主义的部分方法，产生了科学实证主义方法论。马克思的《资

---

① 昂惹勒·克勒默·马里埃蒂. 实证主义（我知道什么）[M]. 北京：商务印书馆，2001：90.
② 方敏. 不断完善中国特色社会主义新时代的分配关系[J]. 政治经济学评论，2018（2）：34.

本论》就是一部用科学实证主义方法写成的鸿篇巨制，这里的实证既不是形而上学的，也不是孔德的实证主义，①同时也不是西方经济学中的"量化"和"计量"。②如果将实证主义等同于量化或者是计量，那是对马克思主义经济学的极大误解和扭曲。马克思的实证主义是一种科学实证主义方法，它不是片面基于自然科学的实证主义，而是融入了辩证法的一般原理和历史唯物主义的一般原理，一方面以自然科学的科学实验进行实证研究，另一方面合理吸收了人文社会科学的方法论，具备双重优点。例如，马克思没有将研究对象，如资本主义生产方式机械孤立地对待，而是将其置于一定的历史时期进行研究，视为具有特定形式的历史存在。

二、西方经济学与马克思主义经济学学科定位差异的原因

西方经济学和马克思主义经济学诞生的社会背景具有不同的经济基础，因此两者服务于不同的阶级，具有不同的哲学基础。

（一）本质原因——不同的经济基础和上层建筑

西方经济学自然科学与马克思主义经济学社会科学定位的差异，表面上来看是不同理论和意识形态的区别，但唯物史观告诉我们，理论在本质上是经济基础在上层建筑思想文化中的反映。上层建筑反作用于经济基础，为自己的经济基础服务。因此，为了更好地弄清两种理论区别的根源，我们从历史发展长河中去寻找线索和答案，并发现生产力发展水平及不同阶级的主要任务构成了两种经济理论学科定位差异的线索。

古典经济学及后来的西方经济学，归根结底是资产阶级经济学，始终代表并维护资产阶级的利益，这就决定资产阶级经济学在不同时期要面临不同的情况，以应对不同的挑战。在古典政治经济学时期，资本主义工场手工业占主导

---

① 罗雄飞. 马克思经济学的方法论思想——以科学实证主义为核心[M]. 北京：经济日报出版社，2012：121.
② 赵磊. 马克思主义政治经济学何以"实证"[J]. 政治经济学评论，2020（1）：177.

地位，无产阶级反对资产阶级的运动尚未兴起，因此这一时期古典经济学的主要任务是反抗封建制度对资产阶级的束缚，体现资产阶级与封建地主阶级的斗争，体现阶级矛盾和阶级对立，同时也没有刻意隐瞒资产阶级和尚未成熟的无产阶级的利益冲突。在经济规律方面，古典政治经济学强调经济活动是一种自然行为和自然规律，不以人的意志为转移。18世纪，英国逐渐成熟的工场手工业催生了市场经济，追逐利益、财富乃至自身的自由，冲破中世纪宗教的道德约束成为新兴商业资产阶级的诉求，亚当·斯密的《国富论》和《道德情操论》恰好迎合了这样的一种需要。与此同时，资产阶级渴望建立一个符合自由竞争的市场秩序，以排除遗留的封建制度对自身的干涉，诸如威廉·配第、布阿吉尔贝尔乃至斯密的理论都体现了"自然秩序"思想，布阿吉尔贝尔就认为："统治者的贤明或无能对于国家财富的影响，不亚于土地的肥沃程度和自然气候的条件。破坏经济秩序规律一定要受到惩罚。"

而在19世纪70年代到20世纪50年代的这段时间里，资本主义世界发生了巨大变化。一方面，资本主义生产力高速发展，电力取代蒸汽动力成为工业发展的重要动力，加速了资本积累和产业集中，最终形成了以大银行和大企业集中和垄断为代表的垄断资本主义。而第二次世界大战之后关税贸易总协定、世界银行和国际货币基金组织的成立，则大大加速了商品、劳动力和资本的国际流通，促进了国际贸易的发展。在这种情况下，生产者的投资选择、商品和生产要素流通和交换、消费者偏好等方面的重要性与日俱增。这就使西方经济学家更加关注商品、劳动力、资本乃至技术这些客观的生产资料本身的资源配置和效用产出，以及这些资源的流通过程。而这些研究的目标则体现出了经济活动的自然属性和客观属性，即抛弃了"人"的因素之后的技术选择与运筹学过程，也使西方经济学越来越像一门"工艺学"，离社会科学越来越远。另一方面，随着剥削与阶级矛盾的激化，无产阶级采取了越来越多的暴力抗争形式，罢工浪潮一浪高过一浪，而社会主义苏联的建立给了资本主义世界更大的震撼和恐惧，西方经济学被迫利用自然科学的定位，掩盖自身的意识形态和阶级属性，从而转移日益增长的矛盾。二战后越来越多的工人阶级也开始改变过去单一的暴力抗争形式，组织无产阶级合法政党的方式在一定程度上缓和了阶级矛盾，使资产阶级获得了更好的发展空间——资产阶级可以不用顾虑自身受到的威胁，转而将精力全部投入到如何赚取利润、获得更大的收益中——因此这时也是计量经济学和数理经济学发展最为迅猛的时期。

与西方经济学相反，马克思主义经济学始终代表无产阶级的利益，马克思主义经济学的出现就是无产阶级斗争的需要。19世纪欧洲工人运动相继失败，亟需一个科学的理论来指导自己。在这样的背景下，代表无产阶级利益的马克思主义经济学诞生，成为无产阶级的理论武器。马克思主义经济学自诞生之日起，就鲜明地表达了自己无产阶级经济学的坚定立场。马克思毫不掩饰政治经济学的阶级属性："这种批判如果可以代表一个阶级，那么它只能代表无产阶级。而这个阶级指历史的使命，却是资本主义生产方法的颠覆和阶级的最后的废除。"[1] 马克思主义经济学承认自身的意识形态，承认自身的阶级性，不意味着自身就不科学。判断科学与否，不是看它是否带有意识形态和价值判断，而是看它能否反映客观实际和客观规律。如果一种理论能够反映客观实际，那么即使它带有意识形态和价值判断，它也是一门科学。恩格斯说："科学越是毫无顾忌和大公无私，它就越符合工人的利益和愿望。"[2] 马克思主义经济学是科学性和阶级性的统一，它通过对经济现实的分析和经济规律的解释，代表了无产阶级的利益诉求，因而是一门反映现实的社会科学。马克思主义经济学从来不排斥数学方法的应用，同时也有限度地吸收一些合理的实证方法论，但是始终坚持自身人文社会科学的定位，勇于解释社会经济形态的变化，代表了无产阶级的利益和方向，因而具有高度的科学性和科学价值。

（二）哲学原因——不同的哲学基础

除历史因素导致了西方经济学和马克思主义经济学方向迥异外，二者的哲学基础也是不可忽视的一部分。虽然在前文已经对二者的认识论和方法论有所

---

[1] 马克思恩格斯全集：第1卷 [M]. 北京：人民出版社，2012：168.
[2] 马克思恩格斯全集：第1卷 [M]. 北京：人民出版社，2012：256.

提及，但并非二者更深层次的哲学基础。事实上，理性主义和还原主义认识论、规范分析和科学实证主义方法论这些都是二者内在哲学基础的外在表现。西方经济学奉行唯心主义和形而上学，而马克思主义经济学遵循辩证唯物论和唯物辩证法。由此可见，西方经济学和马克思主义经济学在哲学根源上的差异，是二者自然科学和人文社会科学定位的更深层次的原因。

西方经济学唯心主义体现在它的理性经济人假设上面，钱颖一教授认为："任何理论都要做假定，因此任何理论的成立也都会有局限条件。"客观而言，这个评价具有很高的合理性。但是西方经济学的问题就在于对所谓的"理性经济人"假设，经济人存在高度理性，以利己为动机的经济人为基础进行一切活动，不像一个有血有肉的自然人，反而更像一个思维缜密、计算精确的机器人。其根本就在于西方经济学的理论脱离实际而完全基于假设，在特定情况下接近于一门玄学。

形而上学表现在西方经济学对于自然科学的简单模仿使自身趋于封闭化和静止。人文社会科学向自然科学借鉴本无可厚非，但是西方经济学对于自然科学方法论却不是科学、有机、辩证地吸收，而是形而上学地对牛顿经典力学范式进行模仿和复制，制造出一种机械还原论和机械决定论的经济学方法论。西方经济学的核心框架可以表述为"约束条件下的最优化"，而约束条件和目标函数是对行为主体决策环境和决策动机的抽象描述。在这个假想的范式中，牛顿绝对时空观统治了一切：时间空间是一维的、线性的，因果关系是教条的、凝固的，系统演化是机械的、可逆的，最终达到或者趋向于某种"呆滞的均衡"。[①] 在这种背景下，西方经济学逐渐走向了物理学自我封闭和相对静止的特征，大大限制了自身的生命力。

与之相比，马克思主义经济学遵循唯物主义和辩证法，以辩证唯物主义和历史唯物主义去研究经济现象。其基准不是看不见、摸不着的效用和人的主观感受，而是客观实际的生产力以及生产关系，在人与物关系的基础上，研究人

[①] 戴天宇. 经济学：范式革命 [M]. 北京：清华大学出版社, 2008：25.

与人的关系。马克思主义经济学研究的现实和基础,是人类历史社会中的客观存在。马克思就对资本主义早期各国资本主义的积累模式进行了论述,从圈地运动、奴隶贸易等过程中发现了资本积累的事实,并且从中得出了一般性的规律;恩格斯所著的《家庭、私有制和国家的起源》,就探讨了前资本主义政治经济学,是利用马克思主义唯物史观对历史问题的一个探索;列宁则着眼于19世纪末金融资本主义在全球扩张的趋势,进而创立了帝国主义论并发展了世界经济理论。

在唯物辩证法上,马克思主义经济学反对封闭和静止,充分利用了联系和发展的特征。马克思主义经济学认为生产力决定生产关系,同时生产关系对生产力具有反作用。在生产、分配、交换和消费这四个环节上,生产对于其后的环节具有决定性作用,但居民消费收入分配也制约着生产的进行。因此,在马克思主义经济学的框架内,经济系统是一个开放的系统,整个经济系统与人类社会和历史联系起来,构成一个有机整体。同时,马克思主义经济学也很重视动态研究的特征。早在索洛模型出现的近一百年前,马克思就将静态分析动态化,短期分析长期化,创造性地建立了第一个经济增长模型。不同于西方经济学中求解微分方程的动态特征,马克思主义经济学以发展、变化的视角看待事物的动态发展,尤其重视理论联系实际。唯物主义和辩证法决定了马克思主义经济学人文社会科学的定位,是马克思主义经济学有别于西方经济学的重要原因。

三、西方经济学与马克思主义经济学学科定位差异的评价

诚然,西方经济学自然科学的学科定位从根本上来说是错误的,但并不意味着对这一过程全盘否定,实际上,这种模仿和借鉴中不乏一些可取之处。马克思主义经济学社会科学的学科定位实现了科学性和阶级性的统一,但是难以形成规范成熟的学科范式。

(一) 西方经济学自然科学学科定位的优势

由于西方经济学将自身定位于一门自然科学或准自然科学，在很大程度上采取了工程学的研究方式，微积分、概率论、数值算法、控制论和随机分析等数学理论极大地扩展了西方经济学的研究方法。同时，大规模利用模拟仿真技术和计算机分析技术，也使西方经济学既能做到对过去的评估，又能做到对未来的预测，彻底改变了过去经济学较为粗糙的数量研究面貌，实现了从"定性分析"到"定量分析"的飞跃。西方经济学在很大程度上实现了自然科学式的"准实验"，克服了人类社会无法重复试验的局限和不足，增强了对现实的解释力，而西方经济学也在计量经济学的助推下成为社会科学中量化程度最高、研究方法最完善的学科，被誉为"社会科学皇冠上那颗最为璀璨的明珠"。

计量经济学促进了数学和统计学在经济学领域的运用，体现出计量经济学家和经济学对于推进经济学科学化进程的一种渴求。一门学科具有科学性，不仅需要它的理论框架和逻辑完善且符合现实，同时证伪主义也对其提出了更可靠的经验观察，包括基于大量历史数据的经验分析。最为重要的是，要将理论逻辑与经验分析结合起来，通过统计分析和实践检验对理论进行检查和检验，在证伪的过程中使理论自身不断完善。在计量经济学出现后，人们发现经济学远非只研究稀缺条件下选择的含义。计量经济学在不断提供数据分析方法，使人们不仅有可能对理论进行检验，而且还有可能以罗宾斯未曾预见到的方式进行实证归纳。

从这个意义上看，计量经济学具有丝毫不逊色于西方经济学理论的贡献。西方经济学家通过计量经济方法，努力将西方经济学变成一门"实验科学"，使其可以通过逻辑证伪主义进行验证，从而达到与重复试验的自然科学一样的高度。值得一提的是，社会实验方法和经济计量方法不仅能够进行经济研究和预测，而且对政策评估也有重要的影响，被用来衡量国家、政府或者政党实施的政治或经济政策的"因果效应"（causal effects），也就是对民众、社会、企业或者宏观经济的影响，通过对经验的回顾与反思，来使政策评估和政策制定更加科学。洪永森则对此给予了高度评价："同自然科学的发展一样，经济理论的发展,经历了从推翻不能解释最新经验特征事实的现有经济理论,到提出能解释最新经验特征事实的新经济理论这样一个不断重复、不断上升、不断完善的创新过程……计量经济学起到了关键的作用。"[①]

(二) 西方经济学自然科学学科定位的不足

西方经济学自然科学学科定位的最大问题就在于它庸俗化了自身,不仅没有促进西方经济学的自然科学化,反而大大降低了它的科学性。还原主义认识论没能使西方经济学成为一门自然科学,反而由于忽视事物的整体性和复杂性,将经济学彻底变成了封闭的逻辑游戏,失去了其本来面貌。而理性主义则由于犯了唯心主义的错误,以及严重脱离实际,无法提供积极有益的思路。西方经济学研究对象的狭窄,脱离了伦理道德和历史制度转向单纯的资源配置的表现,决定了其科学性的不充分。

根植于自然科学的还原主义和理性主义并不能为经济学提供科学的认识论。与自然界的简单化相比,人类社会最大的特征就在于它的复杂化,尤其涉及人类主体的行为和选择。西方经济学人为地抽离了伦理道德和制度因素,把人变成了一个冰冷的机器人。而西方经济学家认为,人的理性可以高于人的感性,也就是感官认知。不难发现,这种认识在一定程度上是客观唯心主义的变种,西方经济学家人为制造了一种"绝对精神"和"绝对理性",可以凌驾于个人的感觉、情绪和喜怒哀乐之上,超越了人类个体、人类社会和人类历史,具有先验性的特征,试图证明理性的永恒不变。显然,这种思路非常荒谬。凯恩斯曾经表示:"还有其他不稳定因素起因于人性特征。我们之积极行为,有一大部分,与其说是决定于冷静计算,不如说是决定于一种油然自发的乐观情绪……大多数决定做此事者,大概只是受一时血气之冲动……"[②] 而哈耶克也对这种理性主义认识嗤之以鼻:"这种幼稚的理性主义最恰当的称呼应是理性建构主义……姑不论这种观念在技术领域取得了多么伟大的成就,却给社会领域造成

[①] 洪永淼. 计量经济学的地位、作用和局限 [J]. 经济研究, 2007 (5): 142 – 143.
[②] 凯恩斯. 就业、利息和货币通论 [M]. 南京: 译林出版社, 2014: 138.

了难以估量的灾害。"①

虽然实证方法论具有客观性,但是西方经济学理论基础却带有强烈的价值色彩,这就如同一个主观的人披上了一件客观的外衣,归根结底还是主观的。一个很明显的事实就是:20 世纪 60 年代以后,理论上实证主义西方经济学快速发展,经济上新自由主义日趋明显,二者在时间上呈现密切的相关关系。这一点绝非偶然,实证主义方法论由于带有明显的自然主义特征,体现出了强烈的社会达尔文主义思维。西方经济学家不去思考经济现象的是非对错和背后的实质,却沉迷于经济现象本身,像论述物理学定理一样将经济故事讲得优美动听。实证主义驱动下的经济学家们不断右倾化,反对社会变革,甚至反对最低工资立法这样的提议。② 同时,在缺少价值判断的前提下,实证主义极易被误用和滥用。西方经济学家只能选择,却不能创造经济数据和经济样本本身,只能从已有的经验中获得灵感,这使得计量经济学的结论是具有特殊性的规律而非普适性的规律。有时,西方经济学家为了证明结论,更趋向于带有目的性地寻找有利于自己理论的事实和数据,最终使经济学陷入了经验主义的窠臼。实事求是地说,基于自然科学的实证主义方法论具有一定的科学性,但是在西方经济学理论基础的背景下,并没能使西方经济学的科学性有本质性的提高,更多的是停留在表面。

(三) 马克思主义经济学社会科学学科定位的优势

马克思主义经济学社会科学学科定位的优势,便是实现了科学性与阶级性、生产力与生产关系、实践原则与实证原则的统一。在科学性与阶级性方面,马克思不仅不反对自然科学,反而认为大部分社会科学都具有科学和意识形态的双重性质。马克思主义经济学一方面研究经济生产活动的客观规律,包括经济现象之间的因果关系,从这一点来看,它与自然科学具有高度的互通性,都是对客观事物规律的客观反映,而社会科学是对人类社会经济活动的真实反映。

---

① 哈耶克. 经济、科学与政治. 哈耶克思想精粹 [M]. 南京:江苏人民出版社,2000:594.
② 朱富强. 经济学科的价值取向与现代主流经济学的意识形态 [J]. 当代经济研究,2017 (5):41.

但另一方面，马克思主义经济学作为一门社会科学，不可避免地带有伦理价值和意识形态属性，与纯粹客观的自然科学存在根本差异。马克思主义经济学以无产阶级和人类解放为目的，研究一定生产力和上层建筑条件下生产关系的本质及发展规律。

科学性与阶级性的统一，也体现为生产力与生产关系的统一。吴易风教授就认为生产表现为双重关系，既包括自然关系，又包括社会关系；既包括人与自然的关系，又包括人和人的关系。① 马克思主义经济学并没有放弃对生产力和资源配置的研究，但是生产力终究属于生产关系，只有将生产力置于生产关系的范畴才能更好地研究生产力，这就实现了纯自然的生产力与社会性的生产关系相统一。把资本主义生产当事人规定为"只是经济范畴的人格化"实际上庸俗化了经济生产过程，并没有体现人的实践活动本质特点。就经济规律而言，恩格斯就坚决反对"放之四海而皆准"的经济规律："人们在生产和交换时所处的条件，各个国家各不相同，而在每一个国家里，各个时代又各不相同。因此，政治经济学不可能对一切国家和一切历史时代都是一样的……谁要想把火地岛的政治经济学和现代英国的政治经济学置于同一规律之下，那么，除了最陈腐的老生常谈以外，他显然不能揭示出任何东西。"②

实践原则与实证原则的统一，克服了西方经济学实证主义方法论机械、封闭、超现实的缺点。马克思主义高度重视实践，以改造世界为己任。唯物史观不仅是历史科学，也是关于历史的实证科学。唯物史观不仅仅满足于实证方法和实证精神，而是要达到实证科学与人性科学的本质统一。③ 马克思在《资本论》中将资本主义这一特定的演技对象当成有机的生命体，将社会经济结构比作人体，从生理解剖学角度对社会经济问题进行了细致入微的剖析，其中以社会生产方式及其生产关系的内在结构最为明显，并包括揭示一定生产关系的内在矛盾和根本缺陷。④ 马克思主义经济学能够以动态的角度分析人类社会的发展

---

① 吴易风. 论政治经济学或经济学的研究对象 [J]. 中国社会科学, 1997 (2): 58.
② 马克思恩格斯全集: 第20卷 [M]. 北京: 人民出版社, 2012: 160.
③ 邹诗鹏. 马克思的社会历史辩证法与社会科学研究的方法论自觉 [J]. 华中科技大学学报, 2022 (2): 2-5.
④ 于金富. 政治经济学的学理属性探析 [J]. 政治经济学评论, 2017 (5): 168-169.

和变化，说明科学实证主义方法论，完成了对实证主义的全面超越，具有更高的理论价值和科学性。

（四）马克思主义经济学社会科学学科定位的不足

虽然马克思主义经济学社会科学的定位符合科学的基本原则，但这仅仅为它明确了正确的前进方向，却并不意味着马克思主义经济学在具体方面的发展是完美无缺的。现阶段马克思主义经济学最大的问题是没有形成自己规范成熟的学科范式。科学哲学的研究表明：科学理论的提出、发展和演化，都会经历从无范式到有范式，最终战胜其他范式这一过程，也就是人们常说的真理范式。[1] 这既是自然科学发展的显著特征，又是西方经济学在自然科学定位中着力模仿的重点，也是一个学科体系成熟与否的体现。但我国的马克思主义经济学在过去经历了不小的波折，从20世纪50年代初模仿苏联范式，到20世纪90年代中国特色社会主义市场经济体制建立开始借鉴英美范式[2]，这种摇摆不定的态度使我们在建立自主的"中国范式"过程中走了不少弯路。

当前，马克思主义经济学体系纷繁复杂、混乱多样。在理论体系上，既包括传统概念上以《资本论》和《马恩全集》为代表的经典著作文本解读研究，又包括中国特色社会主义理论研究，还包括与后凯恩斯主义经济学和演化经济学相融合的研究，更伴随着马克思主义哲学对《资本论》和马克思主义经济学话语权的争夺。各个学派和高校在政治经济学的具体研究对象和研究领域上存在着分歧，甚至对数理马克思主义经济学这一具体分支都没能形成共识，致使彼此之间交流互通困难，成本极高。这种状态，严重影响了马克思主义经济学发展的方向，也扰乱了马克思主义经济学发展的秩序。

在具体的方法论上，马克思主义经济学的研究方法相对滞后。在数理逻辑方面，虽然国内的马克思主义经济学在数理方面已经有所创新，但整体上规模较小，仍然无法同主流的西方经济学相提并论。而相对较为成熟系统的数理方

---

[1] 库恩和库普曼斯的相关研究都支持了这一观点。
[2] 杨瑞龙. 新中国成立70年来经济学研究范式的演变与创新 [J]. 经济理论与经济管理，2019 (11)：5–6.

法和理论模型仍多出自日本和美国，自然也无法以成熟的形式逻辑去表达。实际上，定量分析是政治经济学的悠久传统，马克思本人在《数学笔记》中留下了大量的数学推导。波兰马克思主义经济学家奥斯卡·兰格的《产出—投资比和投入—产出分析》则是数理马克思主义经济学的典范[1]，而以森岛通夫和置盐信雄为代表的日本数理马克思主义经济学派则被视为数理马克思主义经济学成就的最高水平。在实证方法方面，不论是国内的马克思主义经济学者，还是西方经济学者，其采取的计量经济分析也多出自西方经济学界，几乎所有国内经济学文献使用的计量方法都不是中国人自主研发出来的[2]。在实证研究方法和统计研究方法层出不穷的今天，研究方法原创性的短板也严重制约着马克思主义经济学乃至中国经济学的发展，成为马克思主义经济学定性与定量分析相结合的掣肘。

四、在比较借鉴中构建马克思主义经济学体系

学科的发展需要开放的视野。马克思主义经济学一方面要避免自然科学化的倾向，另一方面要借鉴西方经济学优势之处，着力构建规范的范式体系和科学框架。

（一）合理借鉴西方经济学自然科学化中的合理成分

首先，马克思主义经济学需要以现实为导向，理论结合实践。马克思主义经济学不仅要保持对生产关系的研究，而且要增加对优化资源配置的研究。事实证明，西方经济学的兴起并非偶然，随着非公有制经济的出现，人们更加重视企业的生产和经营效率，西方经济学侧重对"物与物"关系、资源最优化配置和生产技术的研究完美地符合了当时中国的发展需要和时代背景，并为提升企业的经营效率、盈利水平和生存能力提供了重要的理论依据。而意识形态作

---

[1] 王立胜，郭冠清. 数理方法在中国特色社会主义政治经济学中的应用 [J]. 政治经济学研究，2022（2）：167.
[2] 刘瑞. 建构中国自主的经济学知识体系：经济学的中国范式 [J]. 学术探索，2022（9）：4.

为社会经济的反映,也反作用于社会经济,形成了同向互促的关系。以《经济研究》为例,从1992年开始,马克思主义经济学文章的比例显著下降。到了21世纪头几年,期刊只接受很少量的马克思主义论文。[①] 这固然与经济学界的重心转向有关,但同时我们也需要清醒地认识到,马克思主义经济学在生产力方面的研究仍然有待丰富和扩展。只有这样,才能加强马克思主义经济学在社会主义市场经济背景下的适用性和价值,增强在学界的影响力。

其次,马克思主义经济学需要构建自身的科学范式。西方经济学在形式上具有自然科学化的特征,集中体现为经济理论的公理化和普适化。而这样的结果就使西方经济学的理论被大大广义化了,西方经济学不再仅仅局限于经济学自身的研究,而是被扩展成一种在有限资源约束条件下实现资源最优配置,以数学推导构建并严格证明的数理模型和计量分析相结合的分析范式,不仅被应用在金融、国际贸易、产业经济、工业生产等方面,甚至被广泛应用于商业管理、社会学和政治学等其他社会科学中。从这一点来说,马克思主义经济学范式应当现代化且与时俱进,积极吸收演化经济学、新制度主义经济学和后凯恩斯主义经济学等理论的积极成分,构建属于马克思主义经济学的"微观—中观—宏观"经济学体系和科学框架。

最后,马克思主义经济学需要方法论的不断创新。固然,对于经典文献的解读是马克思主义经济学的优良传统,但并不是唯一。只有构建属于自身的方法论,尤其是逻辑演绎和量化分析,增强对现实问题的解释力,提高理论适用性,才能够在新时代具有强大的竞争力。虽然不应盲目追求经济学的自然科学化,但一些自然科学的技术手段却值得我们借鉴。一些先进的数学理论和信息技术可以为马克思主义经济学经典问题和量化分析提供有益的方法,利润率问题、价值转形问题、劳动还原问题都可以运用技术手段加以研究和扩展。未来,马克思主义经济学有可能在模拟实验或重复博弈的前提下研究劳动者的主体行为和生产关系,这种向自然科学积极借鉴的方法也为自身的发展和延续提供了

[①] 史蒂夫·科恩. 西方新古典经济学如何主导了中国的经济学教育?[J]. 海派经济学, 2017 (2): 180.

一条新的思路。

（二）抵制纠正西方经济学自然科学化中的错误倾向

西方经济学自然科学的学科定位和过度模仿，在一定程度上误导了国内经济学界的发展方向，也对中国经济学体系造成了不可估量的危害和损失。以西方经济学为主的多数经济学向自然科学靠拢，将自然科学方法论置于历史史实和人文思维之上，使经济学成为孤立于其他人文社会科学的一门学问。此外，形式化的科学主义也带有相当大的迷惑性，西方经济学被不明就里的人视为自然科学。上述种种原因都使西方经济学无论从教学、生源还是科研方面，都形成了对马克思主义经济学的压制。

一方面，我们应当在教学中增加对经济哲学、马克思主义经济学和经济思想史的比重。我国的经济学教学长期受到新古典主义经济学和西方教学的影响，逐渐出现了许多错误导向和思潮，直接影响了高校师生对经济学的认知。例如，几乎所有高校都追随所谓"国际标准"，广泛开设以高级微观经济学、高级宏观经济学和高级计量经济学为代表的"三高"课程，这导致大部分师生认为西方经济学就是唯一的标准和真理，完全不知道除主流经济学外的存在，甚至错误地认为马克思主义经济学是纯粹的意识形态和政治口号。这种现象必须及时加以制止，要增加对经济思想史、经济史和《资本论》（"两史一论"）的教学和普及，同时增加对马克思主义经济学教学的资源和投入，增加对经济哲学知识体系的讲授，努力在经济学的教学和科研中提升人文社会科学属性，彻底改变"滥用数学"和"技术至上"的经济学乱象，扭转当前经济学工程化和碎片化的趋势。

另一方面，我们要始终在研究中坚持经济学的人文社会科学属性。我们应当充分运用辩证唯物主义和历史唯物主义方法论，改变西方经济学孤立、静态的视角，充分重视事物的多重联系、历史进程、动态发展，认识到经济现象背后的深层次、复杂性原因，能够给出更加合理和深入的解释。重视伦理道德和规范分析，不仅能够解释经济现象，更重要的是能够对经济现象给出规范判断，充分认识到不完善的社会主义市场经济体制和法律法规是社会不平等、贫富差距拉大、贫穷传递的根源。同时,着眼于空间正义、社会公平问题的研究,发挥马克思主义经济学的理论优势,提供比西方经济学更为深刻的观点和解决方案,扩大自身在学术界和应用中的影响力。

五、结语

正如上文所述,西方经济学和马克思主义经济学在发展的过程中,分别采用了自然科学和人文社会科学的定位。其中,西方经济学出于对自然科学的过度模仿和"科学性"的追逐,不仅没有实现科学化的目标,反而由于形而上学的机械模仿降低了自身的科学性。而马克思主义经济学则坚持人文社会科学的定位,始终将人文社会科学的研究对象、认识论和方法论一以贯之,这就保证了自身具有高度的科学性和很强的解释力。二者的不同定位和不同结果说明,"科学主义"不是唯一的价值标准,真正的科学是对客观事物的真实反映和合理解释。虽然西方经济学的自然科学化有各种各样的不足和缺陷,但不可否认的是,迄今为止西方经济学仍然是经济学领域中最具有影响力,也是被绝大多数研究者坚持的理论体系,非主流经济学派仍然难以根本性地动摇和颠覆西方经济学的主导地位。[①] 这说明,西方经济学的自然科学化倾向即使从方向上来说是错误的,却并非能够简单地全部否定,在很多方面仍然有一些值得学习和借鉴的经验和思路。对马克思主义经济学而言,扩大自身的影响力,构建更为完善的学科体系是当务之急,这样才能够服务于中国特色社会主义建设,从而更好地讲述"中国故事"。

参考文献

1. 莱昂内尔·罗宾斯. 经济科学的性质和意义 [M]. 北京:商务印书馆,2000:19-20.

---

① 金碚. 论中国特色社会主义经济学的范式承诺 [J]. 管理世界,2020 (9):12.

2. 马克思恩格斯全集：第1卷［M］.北京：人民出版社，2012：168.

3. 马克思恩格斯全集：第1卷［M］.北京：人民出版社，2012：256.

4. 马克思恩格斯全集：第20卷［M］.北京：人民出版社，2012：160.

5. 资本论：第1卷［M］.北京：人民出版社，2018：18.

6. 程恩富.高级现代政治经济学［M］.上海：上海财经大学出版社，2012：6.

7. 摩尔根.印第安人的房屋建筑与家庭生活［M］.北京：文物出版社，1992：86.

8. 昂煮勒·克勒默·马里埃蒂.实证主义——我知道什么［M］.北京：商务印书馆，2001：90.

9. 罗雄飞.马克思经济学的方法论思想——以科学实证主义为核心［M］.北京：经济日报出版社，2012：121.

10. 戴天宇.经济学：范式革命［M］.北京：清华大学出版社，2008：25.

11. 凯恩斯.就业、利息和货币通论［M］.南京：译林出版社，2014：138.

12. 哈耶克.经济、科学与政治.哈耶克思想精粹［M］.南京：江苏人民出版社，2000：594.

（作者单位：中国政法大学马克思主义学院）

卡莱斯基的支出配给评述

杨 扬

摘要：本文回顾了卡莱斯基为解决英国战时融资和通货膨胀问题而提出的支出配给方案，并通过与凯恩斯强制储蓄和特定配给的比较剖析了卡莱斯基支出配给的优势和劣势。卡莱斯基支出配给的重要意义在于解决收入不平等，但它忽视了对已有价格均衡的扰乱以及对供给可能造成的影响。已有文献中关于卡莱斯基支出配给的评价更多的是强调了问题的一个方面，本文尝试给出一个全面的评价。同时本文对 King（1998）的结论进行了反思，我们承认尽管卡莱斯基的支出配给有诸多不足，如它的范围太宽泛、程度有些极端，但不应忽视这一方案的根本目的是解决收入不平等，这一点至少在理论层面是有价值的。

关键词：卡莱斯基 凯恩斯 战时经济 配给 通货膨胀

一、引言

随着二战来临，英国面临的紧迫问题是如何既能给战争腾出资源，又不会引起通货膨胀和财政收支不平衡，为此需要削减消费。凯恩斯（John Maynard Keynes）撰写了他著名的小册子《如何筹措战费》（*How to Pay for the War*），其核心解决办法是强制储蓄。凯恩斯小册子的出版引发了英国各界的广泛讨论，其中一个重要批评者就是当时身在牛津大学统计研究所的卡莱斯基（Michal Kalecki）①，后者不仅对凯恩斯的强制储蓄方案提出了批评，还提出了自己的支出配给（rationing of expenditure）方案。由于在今天卡莱斯基更多的是出现在非主流的后凯恩斯经济学（Post Keynesian economics）中，主流经济学基本将他遗忘，故而他的支出配给方案不太为人所知。

尽管相关文献不多，但关于卡莱斯基支出配给的评价却呈现出两种不同的态度。一种是赞赏的，主要是卡莱斯基的追随者，如 Worswick（1977）、Feiwel（1974）、Toporowski（2018，chapt3）等，但这些追随者更多的是阐述卡莱斯基的观点，并没有反思卡莱斯基支出配给本身所存在的问题，而且忽略了批评的声音，这使得追随者的评价很难令人信服。另一种是批评的，如 Holben（1942）、Neisser（1943）、Papanek（1952）等，这些文献主要来自大洋彼岸的美国，但由于卡莱斯基的支出配给对战时英国的实际政策几乎没有影响，故而这些批评的声音没有引发较大关注。因此，总的来说，已有文献中关于卡莱斯基支出配给的评价是不全面的。

需要提及的一篇文献是 King（1998）。金（John King）这篇文章的初衷是反驳 Littleboy（1996），后者主要回顾了英国马克思主义学者伯恩斯（Emile Burns）对凯恩斯强制储蓄的批评，金由此引出了卡莱斯基的支出配给。金将卡莱斯基的支出配给视为凯恩斯强制储蓄的最有影响力的竞争对象，因而文章的目的是将这两种不同设想加以比较。金在文章中概述了卡莱斯基支出配给的主要内容，梳理了已有文献关于卡莱斯基支出配给的评价以及凯恩斯对支出配给的评述，但结论似乎值得商榷。金承认自己在很多经济理论和政策方面是一个卡莱斯基主义者，而不是凯恩斯主义者，但他认为在可行性和社会公正方面凯恩斯的强制储蓄要优于卡莱斯基的支出配给。本文将反思这一结论。

本文将重点在理论层面探讨这些不同设想的出发点以及潜在影响。本文将首先介绍卡莱斯基支出配给的具体内容，接着对卡莱斯基的支出配给作出评价，

---

① 国内学者还译为卡莱茨基或卡列茨基。

最后对前述讨论加以总结。

二、卡莱斯基的支出配给

卡莱斯基关于支出配给的第一篇文章是《消费削减计划》(A Scheme of the Curtailment of Consumption),于1940年6月30日发表在《牛津统计研究所公报》(Bulletin of the Institute of Statistics Oxford)[①]。卡莱斯基在文章开篇就指出战时经济的首要问题是削减消费,从而阻止因生产资源有限导致的价格急剧上涨,并对凯恩斯的强制储蓄提出了两点批评。首先,卡莱斯基认为凯恩斯的强制储蓄将导致自愿储蓄减少,甚至造成负储蓄。此外,卡莱斯基认为强制储蓄可能会通过减少租金、娱乐和其他服务的支出来实现,但这些消费支出的削减既不会释放原材料,也不会释放劳动力,因而凯恩斯的强制储蓄在很大程度上可能无法实现其目的。其次,卡莱斯基认为凯恩斯的强制储蓄政策没有在强制穷人储蓄之前试图给富人的消费确立一个上限,从而使得这一政策缺乏实际上的约束力,因为通过负储蓄来逃避消费削减的群体主要是富人而非穷人。

卡莱斯基接着提出了他的支出配给方案。考虑到服务的减少几乎不会释放原材料和劳动力,卡莱斯基将问题的突破口放在了限制居民的零售商店支出上。卡莱斯基建议,成人每年在零售商店支出的上限为60英镑,14岁以下儿童为35英镑,政府根据这一支出上限发放配给券,消费者购买商品时需将配给券交给零售商,无配给券的销售将处以重罚。某些商品将免于配给,如服务、二手商品、修理、药品、报纸、期刊和书籍等,新婚夫妇会获得一个特别津贴。卡莱斯基建议对零售商的控制可建立在不征收购买税(purchase tax)的基础之上,但零售商必须向政府上报他们收到的配给券数量。考虑到低收入人群可能不会完全使用配给券的份额,而是会将配给券转售,或是购买商品之后再转售他人,卡莱斯基在零售商店支出上限之外附加了另一个约束,即在零售商店消费的最

[①] 卡莱斯基关于支出配给的文章参见《卡莱斯基文集》第七卷第一部分的第一章"消费削减"。

大收入比例，这一比例大致等于低收入人群在零售商店消费的收入百分比。举例来说，一个家庭的年收入为160英镑，最大收入比例为75%，那么该家庭被允许在零售商店消费的最大金额为120英镑，尽管按支出上限计算应为155英镑（两个大人加一个小孩）。卡莱斯基估计他的方案将削减4亿英镑的消费支出，尽管少于凯恩斯强制储蓄的5亿英镑，但由于凯恩斯没有考虑自愿储蓄减少的情况，而且消费削减没有集中在增加战争生产可用资源的领域，因而卡莱斯基认为他的支出配给将比凯恩斯的强制储蓄释放出更多资源。

随着战争开始之后通货膨胀压力的显现，卡莱斯基在此后的文章中对他最初的方案进行了丰富。在"普遍配给（General Rationing）"中，卡莱斯基首先对调整消费支出的税收方法和凯恩斯的强制储蓄提出了批评，指出这两种方法对富人消费支出削减的影响是不确定的，因而卡莱斯基认为最直接的控制消费支出的方法是对零售商店的大部分商品实施特定配给（specific rationing）。但当需要配给的商品变得更加广泛时，卡莱斯基认为特定配给在行政管理上将更加困难，而且很难阻止转售。基于此，卡莱斯基再次重申了他的支出配给方案（零售商店支出上限略微提高），并重点阐述了这一方案的行政管理问题。在文章的最后，卡莱斯基总结了他支出配给的三点优势：首先，卡莱斯基认为自己的支出配给是抵御通货膨胀的真正保障，可以很容易地适应最严峻的供给情况；其次，与特定配给相比，卡莱斯基认为自己的支出配给更加全面且方便；最后，尽管由于某些特殊原因一些商品必须特定配给，如营养相关的商品，但在这一支出配给模式下，消费者在其他商品中能够享有尽可能广泛的选择自由。也就是说，卡莱斯基一方面是希望通过限制总的消费支出来控制一般价格水平，另一方面是希望消费者可以在给定的支出限制下根据价格来自行选择想要购买的商品。

在"普遍配给附注（Notes on General Rationing）"中，卡莱斯基补充了两点。首先，为防止转售，卡莱斯基建议任何因收入太少而不能使用一定数量配给券的人可以将一半未使用的配给券卖给政府（按面值回收），并可以用所得收入进行购物。这相当于直接补贴了低收入人群，而且间接提高了转售价格。卡莱斯基认为尽管这一建议意味着政府支出的一些增加，但此时配给券不会被全部使用，因而总的消费支出削减要比配给券被完全使用时更多。其次，鉴于当时人们几乎将所有的支出都用于食品，食品支出削减程度较低，食品存货耗尽，价格上涨，卡莱斯基建议在保留某些商品特定配给的基础上对食品和非食品分别进行配给。

到1941年8月，卡莱斯基意识到自己的支出配给没有得到英国决策当局的重视，现实情况是特定配给商品范围的大幅扩大，因而在"迈向全面配给（Towards Comprehensive Rationing）"中他建议在已有特定配给的基础上对非配给食品、酒类和烟草进行支出配给，以填补现有配给制度的漏洞。卡莱斯基认为这一补充的支出配给有两个重要优势，首先，特定配给商品清单的增加将使配给机制变得非常复杂且烦琐；其次，很多非配给商品不是普遍消费的，支出配给的重要之处就在于保留了消费者选择的自由。卡莱斯基没有明确提出这一补充支出配给的水平，但他认为这一水平应达到如下效果：首先，存货的快速下降应停止；其次，价格一般来说应停止上涨，此前价格迅速上涨的商品，其价格应下降；最后，严重短缺、排队等情况应不再常见。

在"通货膨胀、工资和配给（Inflation、Wagesand Rationing）"中，卡莱斯基批评了当时热议的工资稳定政策，并阐述了他支出配给的本质。卡莱斯基认为，不管是自由放任的通货膨胀，还是货币工资稳定，都存在一个共同问题，即低收入群体会受到损失，正是因为他们减少了消费才保持了消费品的供求平衡，但这往往会降低劳动生产率，不仅无助于战争，还会使消费品产出进一步下降，进而导致价格继续上升和实际工资下降。即便可以通过全方面的价格控制来阻止通货膨胀，但结果要么是价格继续非法上涨，要么是供求不平衡反映为商品短缺和排队。通货膨胀依然存在，只是形式发生了改变，受损失的仍然是那些努力工作但收入很低的人，因为他们根本没有时间去排队。由此，卡莱斯基指出，配给是解决通货膨胀的真正方法，在供给不足的情况下全面的商品配给将避免价格上升、存货耗尽和无计划分配。而且与其他措施相比，在配给制度下消费削减最多的是那些生活水平最高的人，尽管配给所有商品并不可行，但通过总的支出配给可以达到大致目的，这是他支出配给的本质。

此外，卡莱斯基还探讨了差异化配给和非食品配给，参见1942年的"差异化配给（Differential Rationing）"和"非食品配给若干问题（Some Problems of Non-Food Rationing）"，不再详述。

三、卡莱斯基支出配给的评价

卡莱斯基的支出配给需要在一个整体框架下来评价。在战争时期，为了给战争腾出资源同时防止通货膨胀所采取的措施大致分为三类，即财政措施、支出配给和特定配给。财政措施包括收入限制、累进税及强制储蓄，其特征是间接限制消费支出，同时最低程度地干预价格机制和消费者的选择自由，典型代表是凯恩斯。正是由于最低程度地限制消费者，财政措施所需的行政控制也是最弱的。与之相比，特定配给则是最大限度地干预价格机制和消费者的选择自由，因为配给通常伴随着价格控制，而且所需的行政管理是最强的。处在二者之间的是支出配给，其特征是一方面直接限制消费支出，另一方面在支出限制的约束下保留消费者的选择自由。需要说明的是，支出配给不是针对所有商品的，如卡莱斯基将支出配给的对象限定在零售商店，而没有限制服务、娱乐等消费。

在战争时期，所有上述措施都需要同时考虑三个目标：首先，最直接的是如何降低总需求，避免通货膨胀；其次，谁为战争买单，也就是公平的问题，同一措施对不同收入群体的影响不尽相同；最后，在给定有限投入的情况下如何尽可能地增加产出，也就是不同措施对供给的影响。这三个目标不是完全一致的，在某些情况下是有冲突的，因而需要在三个目标之间有所权衡。而且，随着战争的持续，不同目标之间的权衡可能也需要调整。基于此，评价任何一个措施都需要在上述多目标下同时审视其优势和劣势，这样才能得到比较全面的答案。

（一）卡莱斯基的支出配给和凯恩斯的强制储蓄比较

正如 Papanek（1952）所指出的，在本质上卡莱斯基的支出配给和凯恩斯的强制储蓄是一致的。因为如果收入给定，也就是凯恩斯所说的蛋糕给定，那么支出配给也就意味着强制储蓄，两者的目的都是在宏观层面降低总需求，稳定一般价格水平，只不过支出配给更直接，避免了自愿储蓄减少或负储蓄的情况。从这一视角出发，卡莱斯基对凯恩斯强制储蓄的第一点批评并不完全正确。卡莱斯基认为人们可能会通过减少自愿储蓄或负储蓄的方式来提高消费，故而凯恩斯的强制储蓄达不到所设想的消费削减水平，但这只是一个程度的问题[①]。凯恩斯完全可以加大强制储蓄的力度，甚至可以参照卡莱斯基支出配给的水平来设计强制储蓄，因此强调自愿储蓄减少或负储蓄其实意义不大。

卡莱斯基在第一点批评中指出凯恩斯的强制储蓄没有特别针对战争所需资源的削减，这一点没有问题，因为强制储蓄只是在宏观层面降低总需求，没有区分消费削减的方向。凯恩斯并不想过多地干预价格机制和消费者的选择自由，故而强制储蓄可能导致人们主要削减用于服务、娱乐的消费支出，但食品需求依然较高，而食品供给又是当时最稀缺的，结果是食品价格上涨，低收入人群受到的损失最大，因为他们收入的较大部分都用于食品支出。与之相比，卡莱斯基支出配给的限制目标要明确一些，最初的重点是零售商店支出，后来他逐渐将范围缩小到食品支出。

卡莱斯基批评凯恩斯强制储蓄的第二点是"道德的"[②]，他认为凯恩斯的强制储蓄没有给富人的消费确立一个上限，这一点也没有问题，其原因还是在于凯恩斯不想过多地干预价格机制和消费者的选择自由，而且强制储蓄限制的是收入而不是财富。凯恩斯始终认为配给是解决战争融资问题的"伪方法（pseudo-remedy）"。在 1939 年 11 月发表在《泰晤士报（The Times）》的评论中，也就是他《如何筹措战费》的早期版本中，尽管凯恩斯承认"如果某种必需品的相

[①] 这里没有考虑强制储蓄对激励的影响，仅强调消费削减水平的问题。

[②] "道德的"一词来自 King（1998）的评价。

对匮乏程度是如此之大，以至于合理的价格上涨都无法恢复供需平衡，我们就必须求助于配给"，但他认为"在购买力普遍增加的情况下，配给是无效的，它只是将需求从配给品转移到非配给品，配给总是一种糟糕的控制方法，因为它必须建立在每个人通常在某种商品上消费相同数额的假设之上，即便不考虑所涉及的无法容忍的行政负担，上述特征也使适用于所有商品的通用配给制度被驳回（Keynes，1978）"。诚然，凯恩斯指出了配给会面临的问题，如消费者异质性、行政成本较高，但他没有考虑在不进行配给的情况下，哪些群体将受到更大的损失。

Polak（1941）指出，当某种必需品严重短缺时，配给就会被引入，这导致人们常常认为短缺是配给的原因，然而实际上更重要的原因是收入不平等。在供给短缺的情况下，收入不平等意味着必须实行配给，否则富人可能会无限推高某些必需品的价格，这时穷人根本不可能获得必需品。凯恩斯的强制储蓄受到抨击的核心原因正在于此，即便强制储蓄在某种程度上降低了收入不平等，但只是在一定程度上缓解，没有从根本上改变问题。与之相比，卡莱斯基的支出配给明确地限制了富人消费，将不同收入群体在零售商店的消费支出拉到了同一水平线，从而在本质上解决收入不平等。这样来看，尽管卡莱斯基的支出配给有些极端，但占人口绝大多数的低收入群体会赞同，因为与凯恩斯的强制储蓄相比，至少穷人在卡莱斯基的方案中受到的损失要小得多。因此，至少在收入不平等的意义上，卡莱斯基的支出配给要优于凯恩斯的强制储蓄。

最后，卡莱斯基对凯恩斯强制储蓄的批评忽略了一点，即强制储蓄在战后将分期返还给个人。凯恩斯的这一想法是很精妙的，他强制储蓄的目标不仅仅在于缓解战时的通货膨胀，还在于保证战后的和平重建。凯恩斯希望通过需求管理来避免战后可能出现的萧条，从而减轻战后和平重建时期的税收负担，但当时经济学界并不认可凯恩斯的这一想法，争议的根源在于"战后面临的问题不是萧条而是通货膨胀下的繁荣"。卡莱斯基的支出配给没有讨论战后和平重建的问题，但他在1944年的"配给和价格控制（Rationing and Price Control）"中指出，只要某些商品的供给存在短缺，就必须保持配给和价格控制，即使供给充足使配给变得不再必要,价格控制仍可以有效地用于减轻相当程度的市场"不完美"或工业垄断存在所造成的"高"价格。基于此,卡莱斯基认为,至少战后初期仍需要保持一段时间的配给和价格控制。

(二) 学界对卡莱斯基支出配给的批评

很多学者批评卡莱斯基支出配给的核心原因是,虽然这一措施能够在宏观层面限制总需求和稳定一般价格水平,但不意味着具体商品的价格不会发生变化。卡莱斯基没有考虑当附加这一支出限制之后,不同商品的需求可能会发生变化,并导致不同商品的相对价格发生变化,以及这一相对价格变化对供给可能造成的影响。简单来说,假设有两类商品 A 和 B,当引入支出配给之后,A 类商品的需求可能会增加,导致 A 类商品的价格上涨,而 B 类商品的需求会下降,导致 B 类商品的价格下降。很多学者指出,上述情况的典型例子是耐久品和易腐品。由于富人对耐久品的需求相对较低,或许是他们已经拥有了大量耐久品存货,因而当支出受到限制时富人会更集中地购买易腐品,导致易腐品价格上涨。不同商品相对价格变化的影响在战争时期可能尤为严重:首先,易腐品价格上涨对穷人是不利的;其次,由于供给有限且容易受到战时各种不确定因素的影响,价格的相对变化会影响人们的预期,人们可能会预期某些商品的价格会进一步上涨,而另一些商品的价格会进一步下降,使得供求之间的不平衡很难恢复。更重要的是,当面临这种价格变动时,供给也会受到影响,厂商要么待价而沽,要么想方设法地减少库存,甚至某些商品的价格下降导致厂商亏损,不愿意生产,这都将进一步扰乱市场预期,使得供求之间的再平衡更难达成。例如,斯威齐(Paul M. Sweezy)在评价战时控制消费支出的相关措施(不仅包括卡莱斯基的支出配给,还包括财政措施)时指出,"那些指望价格机制来做这项工作(指从特定配给到普遍购买力配给)的人,忽视了供求变化带来的调整问题,如损失、效率低下及所需的时间(Sweezy,1943)"。

诚然,支出配给会扰乱已有的价格均衡,但仅从这一视角来批评卡莱斯基似乎并不妥当,因为其他措施,如特定配给、强制储蓄、税收等也会扰乱已有的价格均衡。特定配给通常伴随着价格控制,这会直接影响不同商品的相对价格，强制储蓄也一样，当收入受到限制时，人们的消费行为也肯定会发生变化，从而导致不同商品的相对价格发生变化。问题的关键在于，不同措施对已有价格均衡的扰乱程度是有差异的。在某些商品被特定配给时，主要的影响是原本消费在这些配给商品上的支出会转移到其他非配给商品，如果配给商品的数量不是特别多，而且由于价格控制的缘故，这一影响相对有限。在强制储蓄和支出配给时，一方面是总支出受到限制的影响，另一方面是不同商品需求发生相对变化的影响，但相比而言强制储蓄的约束要软一些。

或许在这些持批评态度的学者看来，卡莱斯基支出配给的真正问题在于它的范围太宽泛了，而且程度有些极端[①]。卡莱斯基最初是将支出配给的范围限制在零售商店，但这可能包含了本来并不需要进行配给的商品，这些商品的供给相对充足，应该适当减少这些不需要配给商品的供给，并将可用资源转移到需要配给商品的供给中，以缓解后者的供求矛盾。更重要的是，将需要配给的商品组合在一起是有前提的。Scitovszky（1942）根据限制消费者选择自由的程度区分了三种不同的配给制度，即特定配给、组合配给（group rationing）和支出配给[②]，并阐述了不同配给制度的前提条件。当短缺只发生在少数几种单独且相异的商品时，每一种商品都必须特定配给。随着短缺必需品数量的增加，可以采取组合配给，组内商品允许消费者自由选择，商品组合的原则是一种商品需求的不平等分配往往会抵消对同一组中其他商品需求的个体差异。近似替代品，即适合不同口味但满足相同需求的商品，可以按照上述原则来进行组合配给，如茶、咖啡和可可，或是烟草、糖果和巧克力。当配给商品数量非常多时，可以采取支出配给，前提是其中任何一种商品的支出相对配给商品的总支出很小，而且对任何一种商品需求的个体差异要独立于对所有其他配给商品需求的差异。简而言之，当支出配给被引入时，对某一种商品需求的变化不应改变对其他商品的需求（或是影响较小）。

[①] 英国社会和政治漫画家罗（David Low）就将卡莱斯基的支出配给形象地描绘为"让富人穿过针眼（The rich pass through the eye of the needle）"。

[②] Scitovszky（1942）原文用的是 General Rationing，为了行文的前后一致，这里译为"支出配给"。

卡莱斯基的支出配给直接限定了支出上限，这大幅降低了高收入人群的消费支出，势必会损害高收入人群的士气和激励，凯恩斯不赞同配给的很大原因正在于此。凯恩斯不希望看到的是，"固定的价格加上商店中空空如也——这是俄国政府多年来一直采取的应对政策——这当然是防止通货膨胀的最佳手段！（斯基德尔斯基，2006）"。当然，这一问题的更深远意义在于如何看待公平，不同学者的观点肯定也是不一致的。Polak（1941）就认为卡莱斯基的支出配给还不够平等主义，很大一部分人的消费达不到支出配给的上限，其言下之意是卡莱斯基支出配给的水平应进一步降低。但 Holben（1942）基于美国的数据套用卡莱斯基的方案指出，这相当于将高收入人群的消费减少了 85%，以至于很难不引起生产效率的下降，任何经济体在和平时期或战争时期都从未成功地以这种方式来消除收入不平等。

最后要指出的一点是，卡莱斯基不是完全忽略了不同商品需求发生相对变化的问题，即前文两类商品 A 和 B 的例子，而是将问题过于简化。在 1944 年的《配给和价格控制》[①] 中，卡莱斯基从单一商品的配给出发，指出实施配给需要价格控制，并将这一观点延伸到对多种商品进行支出配给的情况。也就是说，在卡莱斯基看来，当不同商品需求发生相对变化时，可以通过价格控制和支出配给水平调整使供求平衡得以实现。这一想法在理论上或许可行，但在实践中会面临诸多问题：首先，价格控制和支出配给水平不是经常调整的，而是相对稳定的；其次，控制的价格和实际的价格通常很难一致，否则就不会存在转售或黑市问题了；最后，如果某些商品的需求下降，就表明其供给是相对充分的，因而也就没有必要将其涵盖在支出配给中。

（三）卡莱斯基的支出配给与特定配给比较

当配给商品的范围大幅扩大时，卡莱斯基认为自己的支出配给优于特定配给的主要原因在于行政成本。尽管卡莱斯基承认支出配给也会导致一定的行政成本，但对更多商品进行特定配给将导致更高的行政成本，这一观点有些片面。

[①] 卡莱斯基仅在这篇文章中提到了不同商品需求发生相对变化的问题，在此前的文章中都没有提及。

"德国和英国最近的（特定配给）经验并不能证明这一点……这些问题没有被证明是无法克服的，因为这两个国家都实施了特定配给，并没有证据表明它们各自的计划出现了严重崩溃（Holben，1942）"。而且特定配给行政成本的增加或许没有想象的那么高，某些配给商品可以通过组合配给等方法来适当降低行政成本。此外，卡莱斯基认为特定配给很难阻止配给券的转售及引入特定配给时商品存货的快速下降，然而这两点在他的支出配给中其实同样存在。

实际上，与其他措施相比，特定配给的真正问题在于它不是直接从降低总需求的角度出发，因而总的消费削减水平可能不足以满足战争所需。在战争时期，特定配给的更重要意义在于公平，保障人们的基本生活水平，使短缺必需品的供求能够平衡，抑制短缺必需品的价格上涨。即便消费削减水平存在缺口，特定配给依然可以和其他措施相结合来降低总需求。例如，Holben（1942）认为更普遍的特定配给与税收和公共储蓄相结合似乎是战时控制通货膨胀的最令人满意的方法，这也是凯恩斯在《如何筹措战费》中向他的批评者妥协之后的观点。再如，可以在某些必需品特定配给的基础上再引入支出配给，卡莱斯基在"迈向全面配给"中就是如此设想的。Papanek（1952）并不赞同卡莱斯基的这一想法，认为这将导致一个复杂的配给体系，决策当局需要面对特定配给和支出配给的所有问题。Scitovszky（1942）则相对乐观，但指出特定配给和支出配给相结合是有前提的，将所有必需品组合在一起甚至包括那些尚未短缺的商品似乎是最不可行的。

（四）对 King（1998）结论的反思

关于卡莱斯基的支出配给和凯恩斯的强制储蓄，后来的研究者在比较这两种不同设想时难免不会掺杂他们自己的主观判断，这一判断可能来自他们更强调现实的某一方面，或是他们更偏好于某一设想。最直接的例子莫过于卡莱斯基的追随者，他们由于赞赏卡莱斯基从而忽略了批评的声音。King（1998）的结论也有相同的问题。King（1998）并不是在现实层面比较这两种不同设想，而是在理论层面梳理了已有文献对卡莱斯基支出配给的评价之后得出了自己的结论，这不免让人觉得有些武断，因为批评卡莱斯基支出配给的声音或多或少都忽略了一个问题，即收入不平等，这是本文认为King（1998）的结论值得商榷的原因所在。

卡莱斯基和凯恩斯对战时通货膨胀本质的认识是一致的，即问题不在于需求不足，而是需求过剩，因而需要限制消费，但他们解决这一问题的出发点是不同的。凯恩斯是希望在捍卫价格机制和消费者选择自由的同时建立一种调节支出机制，以避免过度的繁荣和衰退，这延续了他在《通论》中的宏观需求管理思路，他是"在集权主义和自由经济之间引进一个政策原则（斯基德尔斯基，2006）"。然而凯恩斯强制储蓄的问题在于它没有充分解决收入不平等，在市场机制下由于收入不平等的存在，战时短缺势必将促使某些必需品的价格上涨，而卡莱斯基的支出配给针对的正是这一点，他是希望通过直接限制支出来避免价格上涨。当然，卡莱斯基的支出配给有其自身问题，它忽视了对已有价格均衡的扰乱，尽管其他措施也会造成扰乱，但程度相对有限。因此，在理论层面，这两种不同设想都有其价值所在，凯恩斯强调的是尽可能减轻对已有价格均衡的扰乱，而卡莱斯基强调的是解决收入不平等。

更进一步，在理论层面不同设想之间的比较应该是有前提的。Scitovszky（1942）指出，税收或强制储蓄是限制消费者支出的最简单方法，但作为缓解有效需求不平等的方法有其自身局限性，只有当缓解有效需求不平等的必要性变得不太重要时，税收或强制储蓄才是消除通货膨胀缺口的最佳方法。同理，只有当扰乱已有价格均衡的必要性变得不太重要时，卡莱斯基的支出配给才会是一个可行的选择。举例来说，由于供给受限、需求高涨导致某些必需品的价格快速上涨，那么税收或强制储蓄的方法就不再适用，此时只能对必需品进行配给。但如果需要配给的必需品数量不是很大，也没有必要考虑支出配给。Papanek（1952）指出，选择支出配给还是传统配给主要取决于两方面因素之间的权衡，一个方面是对消费者选择重要性及消费者在不熟悉的环境下是否有能力明智使用这一选择的估计，另一方面则是传统配给下更加刚性的政府分配控制及可能带来的更高的资源利用效率。因此，只有在供给相对紧急的情况下，也就是大规模商品供给短缺发生时，支出配给才不会被选择。

本文仅考虑了扰乱已有价格均衡和收入不平等这两个因素，当更多的因素被考虑时，不同设想之间的比较将变得更加复杂。例如，行政成本。一般而言，强制储蓄的行政成本要低一些，因为它可以基于已有的税收机制来实施，而支出配给则需要建立新的管理体制。再比如，灵活性，也就是当战争需要更多消费削减时不同设想的应对能力。Scitovszky（1942）在卡莱斯基支出配给的理念基础上提出了他自己的方案，指出这一改进方案虽然不会消除短缺，但会阻止发生进一步的短缺并确保非必需品的公平分配。

基于上述思考，本文认为在理论层面评价任何一个措施其实都很难得到一个确定性的结论。我们承认卡莱斯基的支出配给在现实层面不如凯恩斯的强制储蓄，后者更加简单明了，Hancook 和 Gowing（1949）在回顾英国战时政策时就指出支出配给是一种可能但从未成为一种切实可行的选择，因为支出配给水平的设定、配给商品范围的选择、不同收入人群的态度及配给水平是否随收入而变化等问题都会使寻找某种普遍配给形式的尝试以失败告终。但尽管如此，卡莱斯基支出配给的重要意义在于解决收入不平等，这一点不应被忽视。后来的研究者可以在卡莱斯基支出配给的基础上进一步改进，在延续其解决收入不平等的重要意义的同时减轻对已有价格均衡的扰乱，这不失为一种有益的探索。

（五）现实层面

在现实层面，实际上凯恩斯和卡莱斯基都被既得利益群体打败了。凯恩斯尝试获得既得利益群体的支持，因为他的强制储蓄在很大程度上维持了现状，庇护了富人的收入和财产权利，因而失去了低收入阶层的支持。在《如何筹措战费》出版之后，凯恩斯希望得到英国工人阶级领袖的支持，但这注定是不可能的，参见 Littleboy（1996）和 Toye（1999）的阐述。卡莱斯基恰恰相反，他的设想尽管得到了英国工人阶级领袖一定程度上的赞同（Toporowski, 2018, chapt3），但由于支出配给大幅度地降低了富人群体的生活水平，这也势必会遭到反对。这样来看，凯恩斯和卡莱斯基的设想更像是两个极端，而现实层面的政策必然是各方既得利益博弈妥协之后的结果。正如 Hancock 和 Gowing（1949）所指出的，"政府的路线很难驾驭，它必须以适当的激励措施来鼓励全面努力，但它必须限制追逐少量且不断减少的民用产品供给的收入数量,有时政府会偏向一边或是另一边……但总的来说双方达成了一个良好的平衡,国家做出了令人难以置信的努力,虽然存在一定的通货膨胀,但通货膨胀被限制在相当无害的范围之内"。

四、结语

本文回顾了卡莱斯基为解决英国战时融资和通货膨胀问题而提出的支出配给方案,并通过与凯恩斯强制储蓄和特定配给的比较,剖析了卡莱斯基支出配给的优势和劣势。卡莱斯基支出配给的重要意义在于解决收入不平等,但它忽视了对已有价格均衡的扰乱及对供给可能造成的影响。已有文献中关于卡莱斯基支出配给的评价更多的是强调了问题的一个方面,本文尝试给出一个全面的评价。同时本文对 King(1998)的结论进行了反思,我们承认尽管卡莱斯基的支出配给方案有诸多不足,如它的范围太宽泛、程度有些极端,但不应忽视这一方案的根本目的是解决收入不平等,这一点至少在理论层面是有价值的。

参考文献

1. 罗伯特·斯基德尔斯基. 凯恩斯传 [M]. 北京:三联书店,2006.

2. Feiwel, G. R.. Kalecki's Ingenious Expenditure Rationing Scheme:How to improve the range of economic choice under trying conditions [J]. Keio economic studies, 1974, 11(2), 67 - 87.

3. Hancock, W. K., Gowing, M. M.. British war economy [M]. London: His Majesty's Stationery Office, 1949.

4. Holben, R. E.. General expenditure rationing with particular reference to the Kalecki plan [M]. The American Economic Review, 1942, 32 (3), 513 - 523.

5. King, J. E.. Oxford versus Cambridge on how to pay for the war:a comment on Littleboy [J]. History of economics review, 1998, 27 (1), 37 - 49.

6. Littleboy, B.. The wider significance of "How to Pay for the War" [J]. History of economics review, 1996, 25 (1), 88-95.

7. Neisser, H. P.. Theoretica laspects of rationing [J]. The Quarterly Journal of Economics, 1943, 57 (3), 378-397.

8. Papanek, G.. General or Expenditure Rationing [J]. The Quarterly Journal of Economics, 1952, 66 (3), 418-435.

9. Polak, J. J.. Rationing of purchasing power to restrict consumption [J]. Economica, 1941, 8 (31), 223-238.

10. De Scitovszky, T.. The political economy of consumers' rationing [J]. The Review of Economic Statistics, 1942, 114-124.

11. Sweezy, P. M.. Rationing and the War Economy [J]. Science & Society, 1943, 64-71.

12. Worswick, G. D. N.. Kalecki at Oxford, 1940-44 [J]. Oxford Bulletin of Economics and Statistics, 1977, 39 (1), 19-29.

13. Toporowski, J.. Michal Kalecki: An Intellectual Biography Volume 2 By Intellect Alone1939-1970, Basingstoke: Palgrave, 2018.

14. Toye, R. Keynes. the Labour Movement, and "How to Pay for the War" [J]. Twentieth Century British History, 1999, 10 (3), 255-281.

(作者单位：中共辽宁省委党校)

生产结构、分配结构与宏观经济效率

——基于"马克思－斯拉法"型三部类结构表的研究

邹 赛

摘要： 理解收入分配结构与宏观经济效率之间的关系，是优化收入分配格局、推进共同富裕的前置性问题。本文采用"马克思－斯拉法"型三部类结构表方法，将投入产出表转化为包含固定资本生产部门、一般性生产资料生产部门和消费资料生产部门在内的三部类表，结合联合生产条件下的生产价格体系方程，描绘出反映2017年我国31省（市、自治区）在生产结构约束下潜在分配结构的"工资－利润"曲线。本文根据剑桥方程式测算实际利润率与实际工资率，以实际坐标偏离"工资－利润"曲线的程度作为测度该地区宏观经济效率的指标，进而提炼出微观分配结构影响宏观经济效率的四种作用模式，也即生产－分配高水平均衡模式、生产－分配结构虚假均衡模式、生产结构主导的结构错位模式、分配结构主导的结构错位模式，并对各地区进行了模式分类讨论。研究结论是：由微观分配结构反映的宏观经济效率与经济增长率存在正相关关系；生产－分配的结构优化影响经济增长率质量，进而作用于宏观经济效率，进一步优化微观分配结构能够促进宏观经济效率的提升。剑桥方程式蕴含

---

① 【基金项目】教育部哲学社会科学研究重大课题攻关项目"中国共产党经济理论创新的百年道路与经验总结研究"（批准号：21JZD008）

着非生产性消费对经济增长的限制,由此导致经济积累与初次分配公平的矛盾,这也就提出了再分配和三次分配的必要性。

关键词: 生产结构 分配结构 宏观经济效率 "马克思-斯拉法"型三部类结构表

一、 研究缘起

党的十八大以来,党中央把逐步实现全体人民共同富裕摆在更加重要的位置上,采取有力措施保障和改善民生,打赢脱贫攻坚战,为全面建成小康社会,促进共同富裕创造了良好条件。2021年8月17日,习近平总书记在中央财经委员会第十次会议中强调:"共同富裕是社会主义的本质要求,是中国式现代化的重要特征,要坚持以人民为中心的发展思想,在高质量发展中促进共同富裕。"从政治经济学角度看,共同富裕是一个收入分配问题,生产决定分配,生产过程结束后直接进行的初次分配是决定收入分配的关键环节。在对生产成果进行初次分配的过程中,劳方与资方的分配比例和结构又是其中最重要的内容。一方面,经济主体在生产中的地位决定了其在分配中的地位,反之,收入分配结构也对生产过程产生影响,一个良好的微观分配结构,将极大地提高生产效率。

从目前来看,有关收入分配与经济效率关系的研究,大部分都集中在收入分配对微观经济运行效率的影响,分析分配结构如何影响宏观经济效率的文献相对较少,而且这些文献采用的研究路径也有很大差异。Dutt(1990)通过新古典主义、新马克思主义、新凯恩斯主义和卡莱茨基-施泰因德尔模型的对比讨论经济增长和收入分配的国际差异;Li&Zhao(2017)从固定资本的补偿与更新入手分析经济的动态发展,揭示了宏观经济运行与固定资本的重要关系,为收入分配对宏观效率的影响机制研究提供了一种思路;李帮喜等(2019)将投入产出表转化为三部类表,对全国层面不同年份收入分配结构与宏观经济效率进行了研究;梁喜等(2016)基于SUP-CCR-DEA模型建立了区域效率与公平兼顾模型，以我国四大经济区为研究对象，认为政府补贴在促进区域间公平的同时也提高了整体经济效率；张巍和张奎（2019）建立三级评价指标对我国1995—2016年收入分配体系的成熟度指数进行测度，认为我国收入分配体系成熟度稳步提升但劳动所得仍然偏低；叶晓佳等（2021）基于上海和重庆数据，对城市化进程中分配公平与经济效率的协调性进行了比较研究，认为城市化程度越高，其系统协调度也就越高。

马克思主义经济学在区分两种资源配置的宏观合理性概念时提出，实现价值规律的宏观经济合理性与微观经济合理性经常相冲突（孟捷，2000）。因此，微观经济结构和宏观经济运行的关系与调和是一个有研究意义的命题，而在分析宏观经济运行和经济结构关系方面，有两种重要的分析框架——一是投入产出表，二是由马克思提出的两部类再生产图示。投入产出表客观地描述了社会各部门之间的投入和产出关系，而马克思两部类再生产图示则提出了生产资料生产部门与生活资料生产部门两大部类之间的平衡要求。从理论上来看，投入产出表是对经济运行状态的客观描述，也即"实然状态"，而两部类图示表达的是全社会经济运行的最优结构，也即"应然状态"。因此，打通投入产出表与两部类图示之间的联系，就成为测度现实经济结构偏离最优经济结构程度的必要前提。

实际上，马克思的再生产图示为投入产出表提供了最早的理论基础（Pasinetti，1977）。在马克思主义劳动价值论框架中，产品价值被分为C（不变资本价值）、V（劳动力商品价值）和M（剩余价值）三块内容。在投入产出表中，产品价值构成对应的是Ⅱ象限及其纵向延长的Ⅲ象限，也即投入项。其中，中间投入即为C，劳动者报酬为V，营业盈余、生产税净额与固定资产折旧之和为M。在两部类图示中，全社会生产部门被分为生产资料生产部门和生活资料生产部门，这是从产品用途和使用价值视角进行的分类。两大部类对应投入产出表是Ⅱ象限及其横向延长的Ⅰ象限。其中，最终消费产品即生活资料生产部门的产出，中间投入和资本形成都是生产资料生产部门的产出。

但是，在马克思的两部类再生产图示中，并未对固定资本生产部门单独考察。对再生产图式的演算可以得出，一个经济体内部有效需求的扩张不仅可以来自消费需求，固定资本的投资在限定条件下可以主导甚至决定经济增长（冯金华、孟捷，2019）。李帮喜等（2019）认为：固定资本具有与其他生产资料截然不同的属性，因此有必要将其独立出来并纳入两部类图示。固定资本产能形成之后，会以"跃升"形式提升社会生产能力，不仅如此，还会从需求和供给两方面对上下游的流动不变资本生产和使用产生强烈的拉动和推动作用。当我们把固定资本生产部门独立出来，两部类图示也就转变为三部类图示，与投入产出表形成了更为密切的对应关系。在投入产出表Ⅱ象限及其横向延长的Ⅰ象限中，最终消费产品即为生活资料生产部门的产出，中间使用和存货由一般性生产资料生产部门产出，而固定资本则专门由固定资产生产部门产出。

在此基础上，本文通过微观生产结构与微观分配结构的均衡程度来测度宏观经济效率。由马克思主义劳动价值论可知，商品是价值与使用价值的统一体，因而商品生产过程是同时生产价值和使用价值的过程。商品的价值构成受到生产结构的影响，决定初次分配结构，从而影响需求结构，需求结构进而又"决定"了再生产结构。商品使用价值构成决定了商品类别，是需求结构的实物构成，与价值构成一起形成了商品的内外统一性。在总供给与总需求一致的约束下，生产结构与分配结构进行复杂的耦合作用，这一耦合作用的协调性反映了经济运行的宏观效率（见图1）。本文借鉴李帮喜等（2019）的分析模型，研究一个理想封闭经济，以工资率与利润率为指标，通过生产过程的演算得到可量化比较的宏观经济效率，以反映生产结构和分配结构的微观均衡程度。

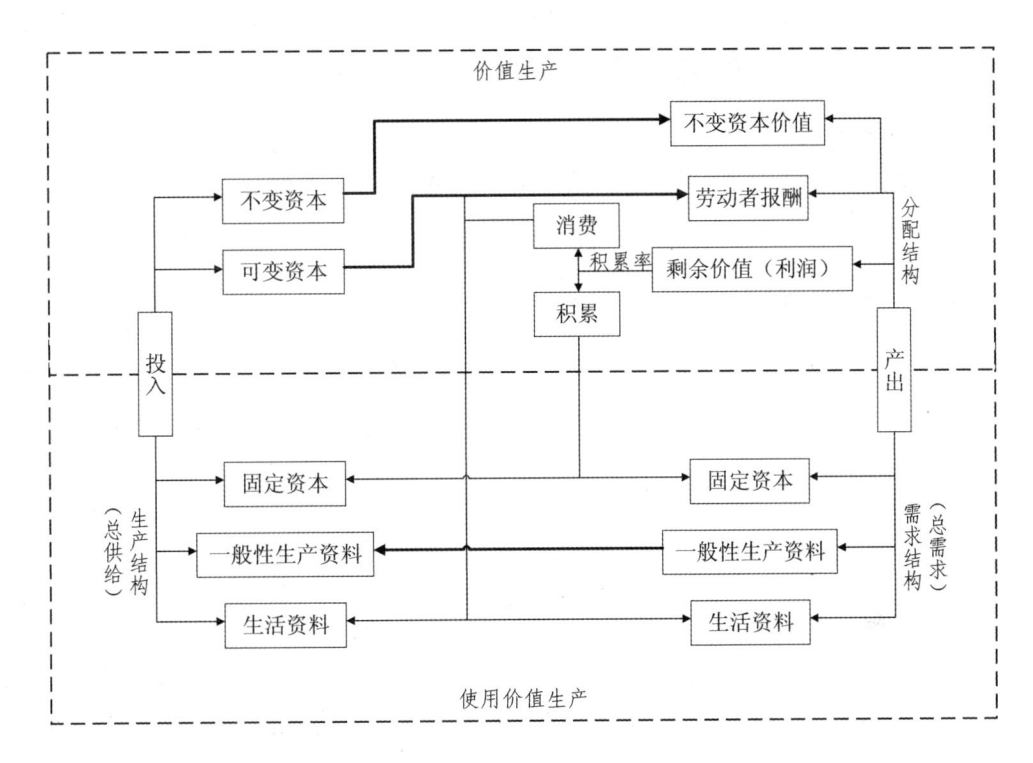

图 1 商品生产过程中生产结构与分配结构的耦合作用

本文以下部分的安排是：第二部分建构模型。首先构建三部类结构表，为联合生产条件下的生产方程演算提供数据基础；再通过投入－产出的生产价格体系测算由生产结构决定的微观分配边界，即工资－利润曲线，用工资－利润水平实际值偏离工资－利润曲线的程度反映宏观经济效率。第三部分结合我国地区投入产出表数据，针对模型测度结果分析微观分配结构对宏观经济效率的影响机制，发掘增长率质量蕴含的经济特点对作用机理的影响；以生产－分配结构均衡程度为依据总结出四种作用模式，针对每一种模式探求宏观经济效率的损失原因与提升路径。第四部分是结论与展望。

二、模型

模型采用包含固定资本、一般性生产资料与消费资料的三部类结构表建立经济结构分析框架，结合联合生产条件下的生产价格方程描绘潜在工资－利润曲线，再通过剑桥方程式计算实际工资－利润坐标，通过实际运行坐标偏离潜在工资-利润曲线的程度测度宏观经济效率。

（1）基本设定

借鉴李帮喜等（2019）的分析方法，将投入产出表转化为包含固定资本、一般性生产资料和生活资料三个部类的三部类结构表，计算出固定资本的投入系数，为测度微观分配结构与宏观经济效率提供依据。[①][②]

1. 三部类结构表

投入产出表每一部门的产出中，三部类占比分别为 α_i、β_i、γ_i，计算方法如下：

$$\alpha_i = \frac{S_i}{H_i}, \beta_i = \frac{\sum_{j=1}^{n} x_{ij} + \Delta a_i}{H_i}, \gamma_i = \frac{C_i}{H_i} \tag{1}$$

其中，x_{ij} 为 i 部门对 j 部门的生产资料投入；S_i、Δa_i、C_i 分别代表部门 i 的固定资本形成、存货增加和最终消费；H_i 为省（市、自治区）内总需求，若不考虑进出口与省际流动[③]，则有 $\alpha_i + \beta_i + \gamma_i = 1$，$H_i = S_i + \sum_{j=1}^{n} x_{ij} + \Delta a_i + C_i$。

转化后的三部类结构表中，k^*m、a_m、Y_m 代表三部类的固定资本折旧、一般性生产资料投入与总产出，$m = \mathrm{I}, \mathrm{II}, \mathrm{III}$。计算步骤如下：

$$k_\mathrm{I}^* = \sum_{i=1}^{n} \alpha_i \Delta k_i, k_\mathrm{II}^* = \sum_{i=1}^{n} \beta_i \Delta k_i, k_\mathrm{III}^* = \sum_{i=1}^{n} \gamma_i \Delta k_i \tag{2}$$

$$a_\mathrm{I} = \sum_{i=1}^{n} \sum_{j=1}^{n} \alpha_i x_{ij}, a_\mathrm{II} = \sum_{i=1}^{n} \sum_{j=1}^{n} \beta_i x_{ij}, a_\mathrm{III} = \sum_{i=1}^{n} \sum_{j=1}^{n} \gamma_i x_{ij} \tag{3}$$

$$Y_\mathrm{I} = \sum_{i=1}^{n} \alpha_i x_i, Y_\mathrm{II} = \sum_{i=1}^{n} \beta_i x_i, Y_\mathrm{III} = \sum_{i=1}^{n} \gamma_i x_i \tag{4}$$

其中，Δk_i 代表部门 i 固定资本的折旧；x_i 代表部门 i 的当年产出。以 s_i 代表

[①] Leontief（1941，1986）发明投入产出表，联合国 1968 年第一次将投入产出核算纳入《国民经济核算体系》，我国于 1987 年编制第一个全国投入产出表，此后每逢 2、7 结尾年份编制一次多部门投入产出表，0、5 结尾年份根据以往数据制作延长表，除 1992 年为实物型外，目前其他年份均为价值型投入产出表；2002 年，我国编制第一份地区投入产出表，此后每 5 年编制一次，均为价值型投入产出表。

[②] 马克思（中译本，2004）提出生产资料与消费资料部门的两部类划分方法，为再生产的数量关系测定提供框架；藤森赖明和李帮喜（2014）在两部类的基础上划分出固定资本作为独立的一个部类，使投资导向型经济分析更加细化。

[③] 一国的生产资料净出口或者消费资料净出口在很大程度上是其面临的各种外部条件叠加的综合作用结果，影响社会再生产中的资本积累。因此本文不考虑对外贸易。参见陶为群（2021）。

部门毛利润[1]，w_i 代表部门工资，则三部类的利润 Π_m 与工资 W_m 为：

$$\Pi_{\mathrm{I}} = \sum_{i=1}^{n}\alpha_i s_i,\ \Pi_{\mathrm{II}} = \sum_{i=1}^{n}\beta_i s_i,\ \Pi_{\mathrm{III}} = \sum_{i=1}^{n}\gamma_i s_i \tag{5}$$

$$W_{\mathrm{I}} = \sum_{i=1}^{n}\alpha_i w_i,\ W_{\mathrm{II}} = \sum_{i=1}^{n}\beta_i w_i,\ W_{\mathrm{III}} = \sum_{i=1}^{n}\gamma_i w_i \tag{6}$$

三部类的固定资本形成额 S_m，固定资本形成总额 S，一般性生产资料总量 K 和总消费 C 分别为：

$$S_{\mathrm{I}} = \sum_{i=1}^{n}\alpha_i S_i,\ S_{\mathrm{II}} = \sum_{i=1}^{n}\beta_i S_i,\ S_{\mathrm{III}} = \sum_{i=1}^{n}\gamma_i S_i \tag{7}$$

$$S = \sum_{i=1}^{n}S_i,\ K = \sum_{i=1}^{n}\Delta a_i,\ C = \sum_{i=1}^{n}C_i \tag{8}$$

（7）式的计算结果组成三部类的固定资本矩阵 $\begin{pmatrix} S_{\mathrm{I}} & S_{\mathrm{II}} & S_{\mathrm{III}} \\ 0 & 0 & 0 \\ 0 & 0 & 0 \end{pmatrix}$，固定资本投资中净固定资本的比例为 $\epsilon = 1 - (1+g)^{-\tau}$（g 为当年实际增长率，$\tau$ 为当年固定资本折旧年限，由表2计算得到）。[2] 以 $(E_m - X_m)$ 为每一部类的净流出，得到三部类结构表（表1）。

表1 三部类结构表

	I	II	III	最终使用	净流出	总产出
I	(k_{I}^*)	(k_{II}^*)	(k_{III}^*)	S	$E_{\mathrm{I}} - M_{\mathrm{I}}$	Y_{I}
II	a_{I}	a_{II}	a_{III}	K	$E_{\mathrm{II}} - M_{\mathrm{II}}$	Y_{II}
III	0	0	0	C	$E_{\mathrm{III}} - M_{\mathrm{III}}$	Y_{III}
利润	Π_{I}	Π_{II}	Π_{III}			
工资	W_{I}	W_{II}	W_{III}			
总投入	Y_{I}	Y_{II}	Y_{III}			

---

[1] s_i 为营业盈余与固定资产折旧、生产税净额之和，具体证明见藤森赖明和李帮喜（2014）。
[2] 为简便起见，文中 g 均取由收入法 GDP 计算得到的当年实际增长率，来源于各省（市、自治区）统计年鉴；τ 的计算将在后文详细说明。

2. 计算说明

由于本文研究对象为我国各省（市、自治区）投入产出，依照地区投入产出表的部门分类统计各部门固定资本折旧年限，记为 τ_i（表2），当年固定资本折旧年限 τ 计算如下：

$$\tau = \frac{\tau_i x_i}{\sum_{i=1}^{n} x_i} \tag{9}$$

表2 投入产出表部门分类与折旧年限[①]

分类	部门名称	折旧年限
01	农林牧渔产品和服务	16
02	煤炭采选产品	
03	石油和天然气开采产品	
04	金属矿采选产品	
05	非金属矿和其他矿采选产品	
06	食品和烟草	
07	纺织品	
08	纺织服装鞋帽皮革羽绒及其制品	
09	木材加工品和家具	
10	造纸印刷和文教体育用品	
11	石油、炼焦产品和核燃料加工品	
12	化学产品	
13	非金属矿物制品	
14	金属冶炼和压延加工品	
15	金属制品	12
16	通用设备	12
17	专用设备	12
18	交通运输设备	9
19	电气机械和器材	17
20	通信设备、计算机和其他电子设备	17
21	仪器仪表	12

---

① 数据来源见藤森赖明和李帮喜（2014）。

(续表)

分类	部门名称	折旧年限
22	其他制造产品和废品废料	12
23	金属制品、机械和设备修理服务	12
24	电力、热力的生产和供应	
25	燃气生产和供应	
26	水的生产和供应	
27	建筑	40
28	批发和零售	10
29	交通运输、仓储和邮政	13
30	住宿和餐饮	
31	信息传输、软件和信息技术服务	
32	金融	
33	房地产	
34	租赁和商务服务	
35	研究和试验发展	
36	综合技术服务	
37	水利、环境和公共设施管理	
38	居民服务、修理和其他服务	
39	教育	
40	卫生和社会工作	
41	文化、体育和娱乐	
42	公共管理、社会保障和社会组织	

注：空白项为非耐久性部门

各部门固定资本投资中净固定资本占比 $\in_i$ 可表示为：

$$\in_i = 1 - (1 + g)^{-\tau_i} \tag{10}$$

对应的边际资本系数 k_{ij}^* 为：①

$$k_{ij}^* = \frac{\in_i S_{ij}}{g x_j} \tag{11}$$

---

① 固定资本存量的边际测算来源于固定资本投资矩阵衍生的固定资本投入系数（Fujimori, 1992）。

宏观固定资本与产出比率 k 为：

$$k = \frac{\sum\sum \in_i S_{ij}}{\sum gx_j} \tag{12}$$

根据固定资本投资占总产出比例 ω_{I}、ω_{II}、ω_{III} 将宏观固定资本与产出比率分配到三个部类，得出各部类的固定资本投入系数 k_1、k_2、k_3 如下：[①]

$$\omega_{\mathrm{I}} = \frac{S_{\mathrm{I}}}{Y_{\mathrm{I}}}, \omega_{\mathrm{II}} = \frac{S_{\mathrm{II}}}{Y_{\mathrm{II}}}, \omega_{\mathrm{III}} = \frac{S_{\mathrm{III}}}{Y_{\mathrm{III}}} \tag{13}$$

$$\omega = \omega_{\mathrm{I}} + \omega_{\mathrm{II}} + \omega_{\mathrm{III}} \tag{14}$$

$$k_1 = k\frac{\omega_{\mathrm{I}}}{\omega}, k_2 = k\frac{\omega_{\mathrm{II}}}{\omega}, k_3 = k\frac{\omega_{\mathrm{III}}}{\omega} \tag{15}$$

根据三部类结构表和各部类的固定资本投入系数 k_1、k_2、k_3，展开宏观经济效率的分析。

（二）微观分配结构与宏观经济效率

在既定生产条件下，按照联合生产条件下投入产出的等式关系，求出代表最优分配结构的工资－利润曲线。利用剑桥方程式求出实际工资－利润坐标，即可根据实际工资－利润坐标与工资－利润曲线的偏离程度测度经济运行的宏观效率，形成可量化比较的指标。

1. 分析框架

借鉴 Li（2017）的方法，考虑固定资本役龄的联合生产条件下生产价格体系为：[②]

$$pB = (1 + r)pM(c) \tag{16}$$

其中，B 是产出系数矩阵，M 是投入系数矩阵，r 是总利润率，p 是不同部类相对生产价格向量，元素应均为非负实数。(16) 式即为 r 和 c 的等式关系。

各矩阵阶数取决于当年固定资本折旧年限 τ，M 和 B 行数均为 $\tau + 2$，列数均为 3τ。投入系数矩阵 M 可展开如下：

$$M(c) = A + cFL \tag{17}$$

[①] k 的具体计算见藤森赖明和李帮喜（2014）。
[②] 对固定资本役龄的划分来自 Sraffa（1960）。

其中，A 是固定资本和一般性生产资料投入系数矩阵，行数为 $\tau+2$，列数为 3τ；c 是实际工资率，代表工资水平与消费水平的比值；F 是工资品向量，行数为 1，列数为 $\tau+2$；L 是劳动投入向量，行数为 3τ，列数为 1。构成如下：

$$A = \begin{pmatrix} k_1 & 0 & \cdots & 0 & k_2 & 0 & \cdots & 0 & k_3 & 0 & \cdots & 0 \\ 0 & k_1 & & & 0 & k_2 & & & 0 & k_3 & & \\ \vdots & & \ddots & & \vdots & & \ddots & & \vdots & & \ddots & \\ 0 & & & k_1 & 0 & & & k_2 & 0 & & & k_2 \\ a_1 & \cdots & \cdots & a_1 & a_2 & \cdots & \cdots & a_2 & a_3 & \cdots & \cdots & a_3 \\ 0 & \cdots & \cdots & 0 & 0 & \cdots & \cdots & 0 & 0 & \cdots & \cdots & 0 \end{pmatrix}$$

$$F = \begin{pmatrix} 0 \\ \vdots \\ 0 \\ f \end{pmatrix}$$

$$L = (l_1 \quad \cdots \quad l_1 \quad l_2 \quad \cdots \quad l_2 \quad l_3 \quad \cdots \quad l_3)$$

$$B = \begin{pmatrix} 1 & \cdots & \cdots & 1 & 0 & \cdots & \cdots & 0 & 0 & \cdots & \cdots & 0 \\ k_1 & & & & k_2 & & & & k_3 & & & \\ & \ddots & & & & \ddots & & & & \ddots & & \\ & & k_1 & 0 & & & k_2 & 0 & & & k_3 & 0 \\ 0 & \cdots & \cdots & 0 & 1 & \cdots & \cdots & 1 & 0 & \cdots & \cdots & 0 \\ 0 & \cdots & \cdots & 0 & 0 & \cdots & \cdots & 0 & 1 & \cdots & \cdots & 1 \end{pmatrix}$$

2. 计算说明

在生产价格体系的矩阵和向量元素中，各部类一般性生产资料的投入系数 a_1、a_2、a_3 计算如下：

$$a_1 = \frac{a_{\mathrm{I}}}{Y_{\mathrm{I}}}, a_2 = \frac{a_{\mathrm{II}}}{Y_{\mathrm{II}}}, a_3 = \frac{a_{\mathrm{III}}}{Y_{\mathrm{III}}} \tag{18}$$

由人口和就业统计年鉴与各省（市、自治区）统计年鉴可得劳动者当年总劳动时间 T，即当年总劳动人口 N_0 与当年人均劳动时间 h 的乘积：

$$T = N_0 h \tag{19}$$

由此可得，工资品向量中的 f 元素为：

$$f = \frac{C^*}{T} \quad (20)$$

其中，C^* 为投入产出表中的居民消费支出。投入产出表中的价值总增加值 V_0 如下：

$$V_0 = \Pi_{\mathrm{I}} + W_{\mathrm{I}} + \Pi_{\mathrm{II}} + W_{\mathrm{II}} + \Pi_{\mathrm{III}} + W_{\mathrm{III}} \quad (21)$$

单位价值耗费的劳动时间为 T/V_0，由此得到各部类单位生产的劳动时间投入 l_1、l_2、l_3 如下：

$$l_1 = \frac{(\Pi_{\mathrm{I}} + W_{\mathrm{I}})T}{V_0 Y_{\mathrm{I}}}, l_2 = \frac{(\Pi_{\mathrm{II}} + W_{\mathrm{II}})T}{V_0 Y_{\mathrm{II}}}, l_3 = \frac{(\Pi_{\mathrm{III}} + W_{\mathrm{III}})T}{V_0 Y_{\mathrm{III}}} \quad (22)$$

3. 工资－利润曲线

在既定生产结构的约束下，通过求矩阵方程式的均衡解得到工资－利润曲线，反映生产结构与分配结构的均衡程度。

利用摩尔－彭诺斯伪逆矩阵，将生产价格体系（16）式右乘 B 的伪逆矩阵 B^+，可得：

$$\frac{1}{1+r} p = pM(c)B^+ \quad (23)$$

求此方程的均衡解便可得到利润率 r 与工资率 c 的对应关系，求解如下：

$$\lambda = \frac{1}{1+r} \quad (24)$$

$$\lambda p = pM(c)B^+ \quad (25)$$

其中，p 为矩阵 MB^+ 的左特征向量，λ 为矩阵 MB^+ 的特征值。因为 p 向量的元素均为非负实数，因此对应每一个 c 决定的 MB^+，取矩阵 MB^+ 特征值中最大的非负实数，即为 λ，从而根据（24）式反解 r。

工资－利润接近线性关系，横截距 c_{max} 与纵截距 r_{max} 的比值一定程度上反映潜在的工资－利润分配均衡程度，即工资－利润曲线近似斜率倒数 κ，求解如下：

$$\kappa = \frac{|\Delta c|}{|\Delta r|} \approx \frac{c_{max}}{r_{max}} \quad (26)$$

4. 实际工资－利润坐标

实际坐标的计算仍然以投入产出表为基础，采用剑桥方程式的方法进行计算。GDP为国家统计局中生产法计算的当年实际各省（市、自治区）内生产总值，Θ^*为投入产出表中的工资总额，利润额Π^*计算如下：

$$\Pi^* = GDP - \Theta^* \tag{27}$$

以S^*为当年固定资本形成总额，剩余价值中用于资本积累的部分为积累率α^*，计算如下：

$$\alpha^* = \frac{S^*}{\Pi^*} \tag{28}$$

剑桥方程式定义的实际利润率r^*求解如下：

$$r^* = \frac{g}{\alpha^*} \tag{29}$$

实际工资品f^*为：

$$f^* = \frac{C^*}{N_0 h} \tag{30}$$

消费品相对价格p^*为：

$$p^* = \frac{N_0 h}{W} \tag{31}$$

实际工资率c^*即$p^* f^*$的倒数，代表工资水平与消费水平的比值，c^*/r^*反映实际工资－利润分配均衡程度。

实际坐标在工资－利润曲线与坐标轴围成的区域内，实际工资－利润坐标与工资－利润曲线之间的面积表示宏观经济效率的损失S_Δ：

$$S_\Delta = \int_c^{r^{-1}(r^*)} (r(c) - r^*) dc \tag{32}$$

完全无效率的情况下损失S_0为：

$$S_0 = \int_0^{r^{-1}(0)} r(c) dc \tag{33}$$

由此可以得出实际的宏观经济效率η如下：

$$\eta = 1 - \frac{S_\Delta}{S_0} \tag{34}$$

η代表由微观分配结构反映的宏观经济效率，η越大，该地区宏观经济效率越高。

三、模型分析

（一）模型测算结果

按照模型设定，根据2017年我国31省（市、自治区）的投入产出表数据，计算得出各地区工资－利润曲线与宏观经济效率（图2、表3）。

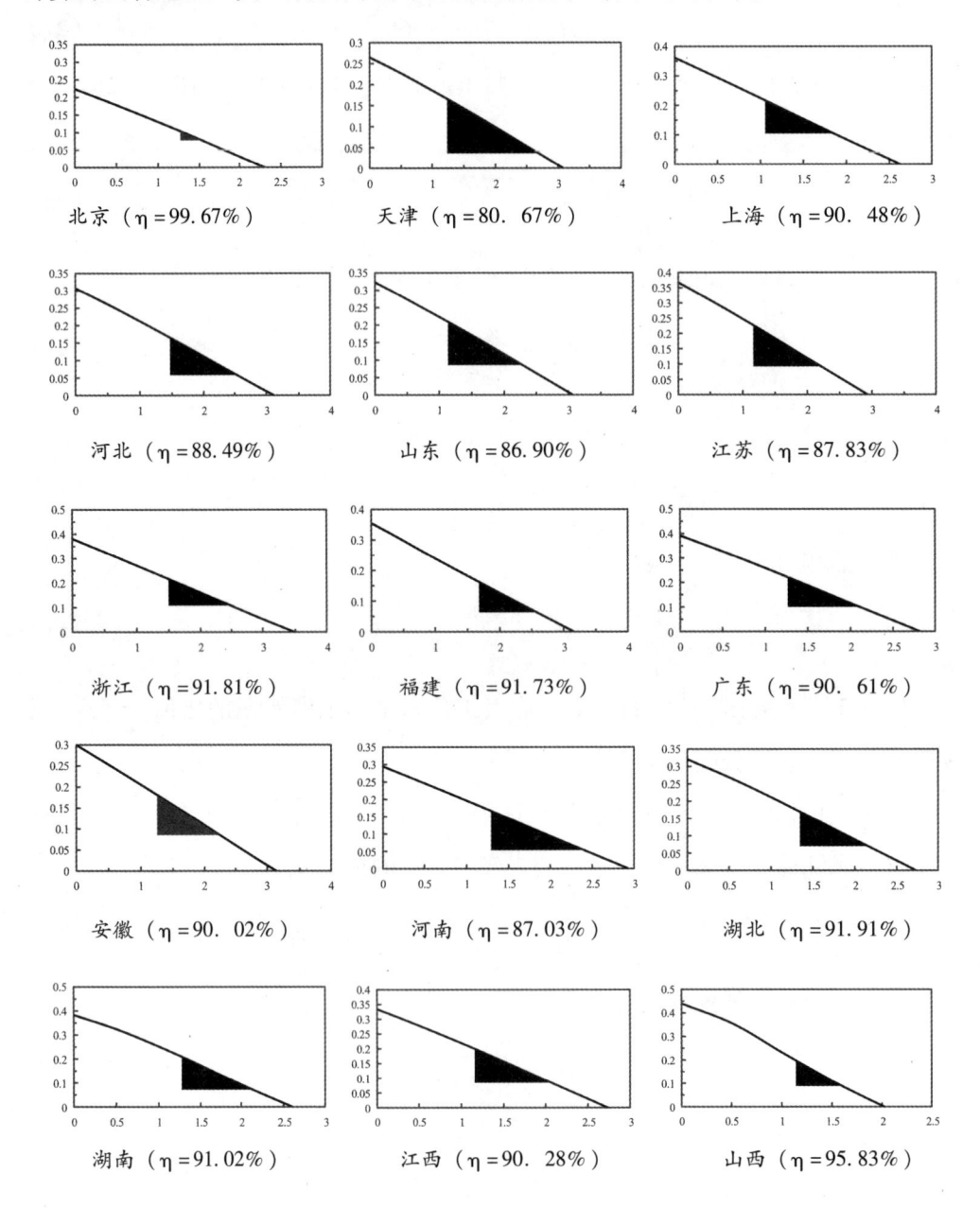

北京（η =99.67%）　　　天津（η =80.67%）　　　上海（η =90.48%）

河北（η =88.49%）　　　山东（η =86.90%）　　　江苏（η =87.83%）

浙江（η =91.81%）　　　福建（η =91.73%）　　　广东（η =90.61%）

安徽（η =90.02%）　　　河南（η =87.03%）　　　湖北（η =91.91%）

湖南（η =91.02%）　　　江西（η =90.28%）　　　山西（η =95.83%）

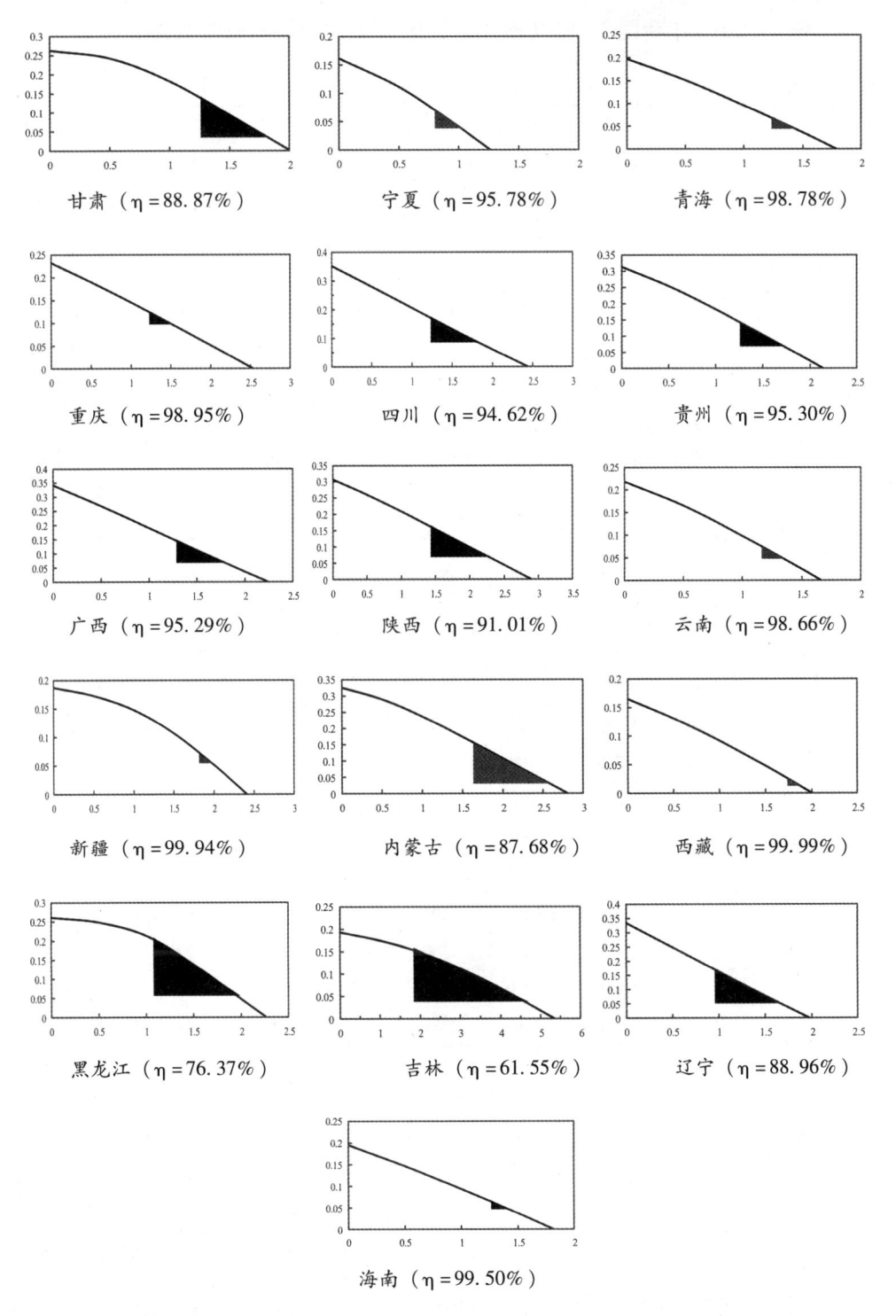

图 2　2017 年我国 31 省（市、自治区）工资 – 利润曲线与宏观经济效率

表3 2017年我国31省（市、自治区）微观分配与宏观效率指标值

省（市、自治区）	g	α^*	r^*	c^*	r_{max}	c_{max}	κ	c^*/r^*	η
黑龙江	6.40%	1.1796	0.0543	1.0791	0.2612	2.2655	8.6737	19.8893	76.37%
吉林	5.30%	1.4222	0.0373	1.7850	0.1933	5.3523	27.6865	47.9005	61.55%
辽宁	4.20%	0.7414	0.0567	0.9570	0.3344	1.9720	5.8970	16.8933	88.96%
北京	6.70%	0.7831	0.0856	1.2849	0.2240	2.3110	10.3176	15.0186	99.67%
天津	3.60%	0.9261	0.0389	1.2508	0.2650	3.0837	11.6356	32.1751	80.67%
河北	6.70%	1.1455	0.0585	1.4607	0.3072	3.1198	10.1559	24.9752	88.49%
新疆	7.60%	1.2237	0.0621	1.8661	0.1872	2.4133	12.8899	30.0468	99.94%
内蒙古	4.00%	1.2196	0.0328	1.6416	0.3256	2.8096	8.6301	50.0524	87.68%
甘肃	3.60%	1.0612	0.0339	1.2597	0.2629	2.0113	7.6491	37.1329	88.87%
宁夏	7.80%	2.1571	0.0362	0.7981	0.1617	1.2600	7.7917	22.0719	95.78%
青海	7.30%	1.6252	0.0449	1.2379	0.1979	1.7924	9.0576	27.5603	98.78%
山西	7.00%	0.8533	0.0914	1.1466	0.4399	2.0237	4.6006	12.5434	95.83%
陕西	8.00%	1.1955	0.0669	1.4343	0.3065	2.8963	9.4493	21.4346	91.01%
山东	7.40%	0.8492	0.0871	1.1231	0.3228	3.0694	9.5102	12.8873	86.90%
河南	7.80%	1.3601	0.0574	1.3030	0.2943	2.9322	9.9622	22.7196	87.03%
安徽	8.50%	0.9954	0.0854	1.2545	0.2999	3.1418	10.4767	14.6909	90.02%
江苏	7.20%	0.7817	0.0921	1.1703	0.3674	2.9335	7.9838	12.7061	87.84%
浙江	7.80%	0.7232	0.1079	1.5035	0.3812	3.4839	9.1389	13.9401	91.81%
上海	6.90%	0.6759	0.1021	1.0491	0.3618	2.6243	7.2527	10.2764	90.48%
湖北	7.80%	1.1307	0.0690	1.3541	0.3208	2.7338	8.5210	19.6284	91.91%
湖南	8.00%	1.0157	0.0768	1.2804	0.3831	2.6038	6.7962	16.6718	91.02%
江西	8.90%	0.9108	0.0856	1.1693	0.3337	2.7351	8.1967	13.6541	90.28%
四川	8.10%	0.9491	0.0853	1.2360	0.3519	2.4412	6.9372	14.4828	94.62%
重庆	9.30%	0.9212	0.1010	1.2351	0.2323	2.5332	10.9056	12.2335	98.95%
贵州	10.20%	1.4815	0.0688	1.2701	0.3137	2.1420	6.8278	18.4473	95.30%
云南	9.50%	1.9728	0.0482	1.1660	0.2180	1.6625	7.6254	24.2129	98.66%
广西	7.30%	1.0650	0.0685	1.2795	0.3414	2.2440	6.5732	18.6673	95.29%
广东	7.50%	0.8313	0.0938	1.2764	0.3920	2.8184	7.1902	13.6036	90.61%
福建	8.10%	1.1489	0.0679	1.6649	0.3554	3.1611	8.8949	24.5223	91.73%
西藏	10.00%	2.7046	0.0255	1.7234	0.1651	2.0012	12.1214	67.5501	99.99%
海南	7.00%	1.3830	0.0506	1.2603	0.1953	1.8184	9.3102	24.9004	99.50%

由计算结果（图2、表3）可得，2017年各省（市、自治区）由微观分配结构反映的宏观经济效率 η 普遍较低，并与地区2017年经济增长率大致呈正相关关系；潜在工资－利润分配均衡程度 κ、实际工资－利润分配均衡程度 c^*/r^* 与

经济增长率呈粗略的负相关关系。宏观经济效率 η 最大值为西藏 99.99%，最小值为吉林 61.55%，均值为 91.15%。2017 年，我国处于调整经济结构的经济发展新常态时期，各省（市、自治区）的经济增长率普遍下降，尤其是城市化程度高的发达城市，城区吸纳劳动力程度趋于饱和，经济增长率随着供给侧结构性改革有所调整，呈现宏观经济效率偏低的结果。纵观 31 省（市、自治区）数据，邻近地区与经济发展阶段相近地区的指标特征相似，宏观经济效率也较为接近。

通过对数据特点进一步分析可得，利润率对宏观经济效率的影响小于工资率对宏观经济效率的影响。例如，河南与山东工资 – 利润曲线近乎一致，以山东指标值为基数，河南的实际利润率 r^* 比山东低 34.10%，实际工资率 c^* 比山东高 16.02%，宏观经济效率 η 比山东高 0.15%。利润率水平相近的情况下，潜在工资 – 利润分配均衡程度 κ、实际工资 – 利润分配均衡程度 c^*/r^* 越高，实际水平对潜在水平的超越越大，宏观经济效率越高。例如，西藏潜在工资 – 利润分配均衡程度 κ、实际工资 – 利润分配均衡程度 c^*/r^* 较高，且实际水平是潜在水平的五倍以上，宏观经济效率 η 高达 99.99%。实际利润率与工资率对地区经济发展潜力的适配度影响宏观经济效率。例如，北京处于经济发展的高级阶段，工业化与城市化水平较高，居民消费水平高，潜在最大利润率 r_{max} 与潜在最大工资率 c_{max} 处于中等水平，实际利润率 r^* 与实际工资率 c^* 也处于中等水平，实际水平与潜在水平较为一致，宏观经济效率 η 较高，河北经济发展以第二产业为主，积累率高，利润率远低于潜在水平，与此同时，实际工资率 c^* 与潜在最大工资率 c_{max} 比值较低，宏观经济效率 η 损失较大。

（二）微观分配结构影响宏观经济效率的四种作用模式

根据各指标的计算结果，以生产结构与分配结构的均衡水平和特征作为依据，结合各地区的经济现实，将 31 个省（市、自治区）的微观分配结构影响宏观经济效率的作用模式分为生产 – 分配结构高水平均衡、生产 – 分配结构虚假均衡、生产结构主导的结构错位与分配结构主导的结构错位四种类型，分别代表地区经济结构实力与潜力双高、地区经济结构实力与潜力双低、地区生产结构带动经济结构落后于潜在水平、地区分配结构带动经济结构落后于潜在水平四种作用模式。对每一类省份的增长率 g、积累率 α^*、实际利润率 r^*、实际工资率 c^*、潜在最大利润率 r_{max}、潜在最大工资率 c_{max}、潜在工资-利润分配均衡程度 κ、实际工资-利润分配均衡程度 c^*/r^* 以及宏观经济效率 η 求指标均值（表4）。其中，生产-分配结构高水平均衡地区为北京；生产-分配结构虚假均衡地区有新疆、宁夏、青海、山西、四川、重庆、贵州、云南、广西、西藏、海南；生产结构主导的结构错位地区有黑龙江、吉林、天津；分配结构主导的结构错位地区有辽宁、河北、内蒙古、甘肃、陕西、山东、河南、安徽、江苏、浙江、上海、湖北、湖南、江西、广东、福建。

表4 四种模式的指标均值

作用模式类型	g	α^*	r^*	c^*	r_{max}	c_{max}	κ	c^*/r^*	η
生产-分配结构高水平均衡地区	6.70%	0.7831	0.0856	1.2849	0.2240	2.3110	10.3176	15.0186	99.67%
生产-分配结构虚假均衡地区	8.28%	1.4851	0.0621	1.2926	0.2549	2.0302	8.6037	24.7924	97.51%
生产结构主导的结构错位地区	5.10%	1.1760	0.0435	1.3716	0.2398	3.5672	15.9986	33.3216	72.86%
分配结构主导的结构错位地区	7.03%	0.9866	0.0734	1.3064	0.3343	2.8154	8.4816	20.3618	89.67%

由剑桥方程式可知，经济增长率可以表示为平均利润率与利润积累率的乘积，而利润积累率与非生产性消费负相关。因此利润率与积累率分别受到生产结构和分配结构的影响，两者的乘积反映生产结构与分配结构的耦合作用。因此，增长率既反映了经济增长水平，又内在地蕴含着经济发展的质量。由此，可引入"增长率质量"概念，通过利润率与积累率特点反映增长率数值背后生产结构与分配结构耦合作用的质量，受到增长率大小的影响但不由增长率大小唯一决定。[①] 这一概念能够解释高质量发展的经济结构意旨，因此本文用其分析微观分配结构影响宏观经济效率的作用机理。

---

① 这里将"增长率质量"归为学理概念，作为经济结构影响经济效率的分析工具，具体的数值量化容后再议。

1. 生产-分配结构高水平均衡模式

北京属于典型的生产-分配结构高水平均衡模式。其主要特点是：增长速度中等，但增长率质量较高，因为高利润率反映出高水平的供给质量，低积累率表明有效需求比较充足，生产结构和分配结构在较高水平上达到协调。北京是全国政治、科教和文化中心，城镇化率高达86.50%，吸引了众多企业总部和高素质劳动力进入，就业人员中受过高等教育的人数比例高达57.32%，工资水平高。此外，产业附加值高，生产活动中的复杂劳动占比较高，一、二、三产业就业人员构成为3.90%、15.50%、80.60%，相对均衡的收入分配结构激发经济发展潜力，呈现有活力的发展状态，宏观经济效率较高。[①]

2. 生产-分配结构虚假均衡模式

生产-分配结构虚假均衡地区多为西部地区。其主要特点是：经济总量规模比较小，经济增长率相对较高，但增长率质量低，即增长率主要依靠高积累率。生活资料消费不足，低利润生产结构与低均衡分配结构并存，生产结构与分配结构表面上比较协调，但经济发展潜力有限，缺乏可持续性。这些地区经济现代化发展起步晚，平均城镇化率仅51.23%，处于工业化与城市化的早期阶段，承接来自中东部城市的产业转移，普遍处于产业链中低端，产业附加值低，产业结构远未高级化。一、二、三产业就业人员构成均值为40.91%、19.32%、39.77%，加之就业人员中受过高等教育的人数比例均值仅有17.04%，生产活动中简单劳动占比较高，潜在工资率较低。但由于这些地区消费物价水平相对较低，因此实际工资率高，超越潜在工资率较多，带来虚假的高宏观经济效率。

3. 生产结构主导的结构错位模式

生产结构主导的结构错位模式主要是指东北地区。其主要特点是：经济增长率低，增长率质量也不高，低利润率和高积累率并存，生产结构失衡。同时，潜在工资率过高，实际工资率不高，分配结构在生产结构影响下未达到潜在水平，这就造成生产-分配结构的扭曲。东北地区是重工业聚集区，具有良好的

[①] 数据由《中国人口和就业统计年鉴2018》与各省2018年统计年鉴计算得到，下同。

工业发展基础，平均城镇化率为66.33%，就业人员中受过高等教育的人数比例均值为23.97%。但是，在转型升级过程中，生产结构偏离发展方向，一、二、三产业就业人员构成均值为25.74%、23.69%、50.57%。并且，由于国企众多，形成福利惯性，历史包袱比较沉重，造成过高的潜在工资率，加之积累率较高、投资效率偏低，导致大量产能闲置，发展潜能未得到充分挖掘，形成发展现状与发展潜能的错位，宏观经济效率明显偏低。

4. 分配结构主导的结构错位模式

分配结构主导的结构错位模式多为中东部地区。其主要特点是：经济增长率处于中高水平，增长率质量中等，中等水平的利润率与积累率反映出生产端的稳定增长，但低潜在工资率反映出分配结构失衡。由于需求侧动力不足，出现了生产结构与分配结构的错位，且这种错位是由分配结构主导的。这些地区经济发展较为成熟，平均城镇化率为61.22%，经济结构相对健全，一、二、三产业就业人员构成均值为29.86%、29.91%、40.23%。要素市场较为完善，就业人员中受过高等教育的人数比例均值为20.81%。因此，这些地区潜在利润率普遍较高，发展潜能大。但是，经济外向依赖度和虚拟经济占比较大，非生产性消费比例偏高，分配结构不合理，发展潜能受到抑制，这些因素都制约了宏观经济效率的提升。

（三）提升宏观经济效率的改革路径

宏观经济效率 η 的大小反映的是微观分配结构与经济发展现状的适应程度，受到实际经济特点的约束与影响，四种微观分配结构影响宏观经济效率的作用模式刻画了地区生产－分配结构对宏观经济效率不同的影响机制。因此，应在充分考虑经济发展模式改进与生产结构优化的基础上谋求宏观经济效率的提升，实现生产结构与分配结构协调作用，在高质量发展中促进共同富裕。

考虑宏观经济效率的提升，提炼出工资 W 的变化对实际工资率 c^* 与实际利润率 r^* 的影响系数，分别为 $1/C^*$ 与 g/S。实际工资率的上涨伴随着实际利润率的下降，通过对各省份2017年 $1/C^*$ 与 g/S 数值的测算得出，各经济体每一单位工资的变化带来实际工资率的上涨比率往往高于实际利润率的下降比率，即带来宏观经济效率的提升。由此，在保持经济必要的积累率条件下，实际工资率越高，由微观分配结构呈现的宏观经济效率越高。这也提出了分配公平与经济效率的统一性。

分配结构的改善不仅要优化初次分配，也要着眼于二次、三次分配。因为根据剑桥方程式，初次分配后，利润中的非生产性消费会降低积累率进而降低增长率，这也是分配结构的二次利用不合理带来的增长率质量降低，限制了利润率向增长率的转化。这一问题需要通过调整性的二次、三次分配加以缓解。

为促进经济高质量发展，在不损失宏观经济效率的情况下推动共同富裕，对于生产－分配结构高水平均衡模式，应在现有生产结构与分配结构基础上进一步推动技术创新，打造新的增长动力，在二次、三次分配中提高劳动者的分配比例。对于生产－分配结构虚假均衡模式的调整，关键在于生产结构与分配结构的共同改善，即在做大经济规模的同时优化生产生活条件，加快现代化步伐，增强对劳动力的吸引力，进而形成可持续发展的经济模式，推动经济高质量发展与共同富裕齐头并进。对于生产结构主导的结构错位模式，需要优化生产结构、促进产业升级，即适当降低积累率，激发企业活力，为共同富裕营造良好的经济发展环境。对于分配结构主导的结构错位模式，应减少非生产型消费，树立虚拟经济为实体经济服务的发展准则，提高劳动者工资水平，以分配结构调整带动生产结构优化，谋求共同富裕。

四、结论与研究展望

本文的研究发掘了公平与效率关系新的可能性。在初次分配中，工资与利润进一步公平不必然导致效率的下降，反而能够促进宏观经济效率的提升。初次分配中产生的利润部分在促进资本积累的同时也带来了非生产性消费，而非生产性消费束缚了利润率向实际增长率转化的能力。为了解决这一问题，不论在微观劳资分配层面，还是省际转移层面，必须在初次分配的基础上采取二次和三次分配手段，促进共同富裕。

受数据特点的限制，本文不可避免地存在如下不足：第一，部分地区的经济增长率在个别年份具有偶然性，影响结果的稳定性与可比性；第二，模型的基本设定着眼于联合生产条件下经济的长期稳定运行，是一种理想化前提，而可用的数据是短期数据，与模型假定存在些许偏差；第三，模型着眼于省（市、自治区）内微观分配结构与宏观经济效率，未对省际的要素流动进行考量。进一步的研究可以从以下几个方面展开：综合多年数据，对长期经济运行效率进行测算；将经济运行效率与收入分配均衡程度的分析推进到微观层面，如部门间的资本流动与价值转移；从产业、企业、资本流动等维度入手探求共同富裕的路径，形成更为全面综合的结论。

参考文献

1. 李帮喜，刘充，赵峰，黄阳华. 生产结构、收入分配与宏观效率——一个马克思主义政治经济学的分析框架与经验研究［J］. 经济研究，2019（03）：181－193.

2. 梁喜，李东连，王秀模. 区域经济效率与公平兼顾模型的构建及实证分析［J］. 西部论坛，2016（06）：50－55.

3. 张巍，张奎. 体现效率促进公平的收入分配体系测度评价［J］. 调研世界，2019（10）：48－52.

4. 叶晓佳，张馨悦，费文博. 城市化、分配公平与经济效率的协调性研究——基于沪渝数据的比较［J］. 重庆大学学报：社会科学版，2021（06）：59－72.

5. 孟捷. 马克思主义经济学范式中的生产方式与资源配置方式［J］. 教学与研究，2000（06）：22－29.

6. 马克思. 资本论：第 2 卷［M］. 北京：人民出版社，1975.

7. 裴宏. 马克思的固定资本理论：原理、建模及与联合生产模型的比较［J］. 政治经济学评论，2020（05）：41－64.

8. 冯金华，孟捷. 投资品部类的自主积累和增长在何种条件下是可能的——基于马克思再生产图式的考察［J］. 中国经济问题，2019（04）：3－18.

9. 马克思. 资本论：第 2 卷［M］. 北京：人民出版社，2004.

10. 藤森赖明，李帮喜. 马克思经济学与数理分析［M］. 北京：社会科学文献出版社，2014.

11. 陶为群. 有对外贸易和折旧的社会再生产增长与条件［J］. 政治经济学报，2021（01）：27-45.

12. Dutt, A. K.. Growth, Distribution and Uneven Development［M］. Cambridge University Press, 1990.

13. Li, B., F. Zhao. Two Notes on Dynamics of Fixed Capital［M］. Post Keynesian Review, 2017, 5（1）：1-12.

14. Pasinetti, Luigi. Lectures on the Theory of Production［M］. London：MacMillan［M］. London and New-York：Columbia University Press, 1977.

15. Leontief, W.. The Structure of American Economy 1919—1929［M］. Harvard University Press, 1941.

16. Leontief, W.. Input-out put Economics：Second Edition［M］. Oxford University Press, 1986.

17. Li, B.. Linear Theory of Fixed Capital and China's Economy：Marx, Sraffa and Okishio［M］. Springer, 2017.

18. Fujimori, Y.. Wage-profit Curves in a von Neumann-Leontief Model：Theory and Computation of Japan's Economy 1970—1980［J］. Journal of Applied Input-Output Analysis, 1992, 1（1），43-54.

19. Sraffa, P.. Production of Commodities by Means of Commodities：Prelude to a Critique to Economics［J］. Cambridge：Cambridge University Press, 1960.

（作者单位：武汉大学马克思主义学院）

政治经济学与社会构成：论批判理论的意义[①]

维尔纳·博内菲尔德　邝光耀　高伦

摘要：本文旨在探讨对经济客观性进行政治经济学批判的理论目的。经济问题应该如何理解？对它的批判最终揭示了什么？首先，本文将揭示经济学理论难以从社会现实中抽象地确定其研究主体的困境；其次，将介绍传统马克思主义理论——特别是阿尔都塞的"结构主义马克思主义"观点，即认为资本主义经济范畴是一般历史规律的历史具体表现，并为发展特定形式的社会关系奠定了客观结构。本文认为，"结构主义马克思主义"的论断实际上发展了古典政治经济学的观点，并把这些论断当作是马克思本人对政治经济学的批判。第三部分将揭示对政治经济学的批判本质上是对经济学范畴的批判，并认为这种批判相当于一种批判的社会理论。批判的目的不是从一些假定经济性质的跨历史力量中推导出资本主义的经济范畴，而是在社会现实基础上分解经济范畴，并揭示社会关系的特定形式如何表现为神秘的经济形式。因此，对批判理论传统而言，对经济范畴的批判需要一种关于经济形式的社会构成理论。本文结论则认为阶级对立是理解资本主义社会的关键概念。

关键词：马克思主义　社会构成　政治经济学批判　经济学范畴　批判理论

[①] 原文来自：Bonefeld, Werner. "Political economy and social constitution: On the meaning of critique", in Critical Theory and the Critique of Political Economy: On subversion and negative reason [M]. London: Bloomsbury Academic, 2014: 21 - 52, 部分内容有删减，经原作者授权后翻译发表。

经济问题应该如何理解？对它的批判最终将揭示什么？马克思对政治经济学的批判提出了下述问题：为什么人类社会的再生产会表现为自我运动的经济力量？这种力量隐藏在行为主体的背后，却对主体的真实需要漠不关心甚至充满敌意。马克思通常把经济范畴定义为"超验的东西""奇怪的东西""扭曲的形式"，并认为这些范畴充斥着"形而上学的微妙和神学的怪诞"，具有"谜一般"的性质，等等。[①] 然而，马克思的这些表述显然是"非经济"意义上的，并且直接指向对社会构成理论中经济范畴的政治经济学批判。传统的政治经济学概念，从古典政治经济学到现代经济理论，再到传统的马克思主义理论，无一例外均为社会构成这一"幽灵"所困扰。其中传统政治经济学概念的特点是，将作为主体的人类社会现实视为妨碍其经济分析的"形而上学"干扰因素而加以否定。然而，政治经济学如果不再是关于社会组织再生产方式的理论，那么它又是什么呢？经济学理论只关注经济数量和经济客观规律，它们使用经济范畴的语言并把劳动经济视为一般的经济需要。经济学家们从宏观经济的角度分析经济关系，并宣称经济学是关于人类基本经济问题的真正科学。但实际上，经济学理论是完全不了解其所处社会阶段的理论。

一、论经济的自然性质和经济学理论

在理想研究情况下，经济学理论把它的范畴设想为构成人类经济行为的一些超验本质。它把人看作是"经济人"，而在把"经济人"的观念"放回"人身上之后，实则它充其量只是借用了古典政治经济学的原则，这一点和亚当·斯密、大卫·李嘉图尤其相似，他们都认为国家的财富建立在劳动生产力基础上。劳动生产力在各个时代都在发展，它导致了更大规模的技术分工，并由于这种分工进而产生了不同"生产方式"的兴衰。从猎人和渔夫之间的财产关系，

[①] 马克思恩格斯文集：第4卷 [M]. 北京：人民出版社，2009：88.

到畜牧业和农业之间的财产关系,再到斯密所说的"商业社会"三个组成阶级之间的财产关系——靠租金生活的土地所有者、靠利润生活的股票所有者和靠工资生活的工人阶层。亚当·斯密认为,生产方式包括财产关系、政府、社会制度和道德情感等多种形式。因此,经济学的理论充其量只是一种关于技术性分工的演变如何产生特定社会关系形式的论证。它把劳动设想为一种有目的、以目标为导向,并与自然界进行交换的活动,进而把这种交换解释为人类与自然界之间发生新陈代谢的必要性,并将其视作历史的一般经济规律,在这种必然规律中,技术分工的不断发展产生了历史上特定的财产形式、分配关系、政府形式、社会体制和意识形态观念等。

然而在现实情况中,经济学却被卷入了一场形式抽象的游戏里,在这场游戏中,劳动作为人类再生产的一种社会实践被合理化原则和计算经济量运动的数学方程式取代。在这种情况下,经济学变成了一门复杂的数学科学:它分析现金、价格和货币价值的运动,"而不自问其计算分析的对象可能是什么"①。换言之,经济学把它的研究对象假定为一个现有的经济量,它可以根据某种公认的观察惯例进行分析,并根据某种公认的量化标准进行测量,通过数学方法使其合理化,最终能够通过概率法则对其运动进行预测性计算。

上述的两种情况恰恰是西方政治经济学的悖论:马克思指出,经济学家们在这一矛盾中蹒跚而行,却完全没有意识到它。他们所描述的事物实际上作为社会关系重新出现,而在被定义为社会关系之后不久,就再次作为物出现戏弄他们。作为一种关于经济问题的理论,经济学却表现出其研究主题的"神学怪癖":它假定了一种"外在于人"的经济客观性,试图分析"经济人"的价值偏好,并把市场作为经济分配和个人决策的合理手段来研究,进而通过自由价格机制告知消费者和生产者整个经济市场中的稀缺程度,引导"经济人"调整自己的价值偏好。由此可见,经济学把市场行为分析为一种客观力量,这种力量以个体为对象,在巨额财富的承诺和违约、破产以及失业的痛苦基础上,决

---

① Backhaus. Die Dialektik der Wertform [M]. Freiburg, 1997: 60.

定了他们的期望，组织了他们的活动，并迫使他们在遵守市场相关的条件下行事。

经济学分析的主题，乃是马克思在《资本论》终篇——"三位一体的公式"一章中所描述的以"资本先生和土地太太"形式出现的颠倒世界：感性人类实践的一种特定形式在"颠倒的"经济形式的运动中确立了自身；只要社会生产关系在人身上呈现为客观化的事物之间的关系形式，那么这种呈现就是真实的。经济的客观性意味着经济规律被断言为"外在于人"的力量，正如阿多诺所言："所有人的生命都被倒挂在……（到）所有人死亡中的消失点。"[1] 没有人否认，经济在社会个体身上表现为一种看似自然的、自我定位的、自我移动的、超出人类控制的东西，并取代了经济命运由"上帝之怒"掌控的神话。经济规律将自己强加在维持社会的行为主体的背后，而社会却被现实经济抽象的运动支配，这些抽象物类似于神话中的命运观念，以毁灭性的力量将自己强加于社会个体，在眨眼间便切断了他们的生存手段。但问题不在于经济形式非理性的"合理性"，真正的问题在于它们的社会构成：为什么人类社会再生产的内容会采取这种命运般的经济形式？

霍克海默认为，经济学理论已经把传统的社会理论发展到了荒谬的地步。它以"数学符号"的形式识别社会，并借此将社会外观合理化为由可量化的经济范畴所建立的关系。[2] 社会"作为一种事物"出现，而"经济学家"们认为这种事物有其固有的、由经济决定的、且无论何时何地都有效的发展规律，仿佛这些规律真的体现了某种跨历史的、活跃的经济性质，并在资本主义作为其最发达的历史形式中表现出来。马克思亦认为，"经济学家"们将经济范畴自然化，然后将其作为抽象社会所依据的不可侵犯的自然规律，悄悄地偷渡进来。实际上，经济学理论总是持有从社会中"抽象"出经济问题的立场，它往往以经济应用领域的形式出现。但它从来没有自问过这样一个问题：为什么这种内容会采用这种形式？换言之，为什么劳动要用"价值"来表示？为什么劳动时

---

[1] Theodor Adorno. Negative Dialectics [M]. London, 1990: 320.
[2] Max Horkheimer. Kritische und Traditionelle Theorie [M]. Frankfurt, 1992: 207.

间的标准要以生产劳动产品的价值大小来衡量？相反，它把资本主义生产的劳动过程视为人类与自然界之间发生新陈代谢的必然目标导向活动，进而用数学精确地来表示价格的运动，计算经济量，并分析经济事物的运动，根据现有的经济数据预测市场的未来动向，研究"经济人"为了实现更大的经济效率和效益而调整市场需求的方式，进而探索国家作为经济调控的公共权力的手段。总之，它认为经济学范畴既是某种可量化的物质实体，又是一种独立的经济理性力量，为了经济进步，它要求"经济人"主体不断努力进行经济方面的调整；然而，它却始终不能告诉我们经济数量到底是什么。

曾经思考过这些问题的经济学理论家们都承认，以任何程度的确定性来规定经济学的研究主体都是不可能的，甚至连经济学分析的基本范畴都仍是晦涩不明的。正如罗宾逊（Joan Robinson[①]）所说，"当我们真正试图确定它们时，它们就变成了无法确定的概念"，而经济学理论则干脆回避了"通过把'资本'的数量放入代数来赋予其意义的问题"。[②] 经济理论假定了某种可被解读的经济合理性——然而，这种合理性究竟是什么？它是一种社会构成的理性吗？尽管这种理性是由社会个体创造的，但却使他们自身被自己所处社会生产的产品奴役，这些社会产品以真实的经济抽象形式出现在他们面前；或者说这种经济理性建立在某种跨历史的经济性质上，表现为特定的生产方式。那些认为社会是受某些一般经济规律支配的观念面临着这样一个悖论：它们的有效性从根本上说是社会性的。"有效性"本身是一个社会范畴。所谓"有效性"的概念只有对社会而言是有效的，才真正具备有效性。因此经济学规律本身是无效的，它们"不是独立于历史的永恒的自然法则"。相反，它们的有效性从根本上说是社会性的，经济规律植根于社会中并只有通过社会发生才有效，而"社会"总是具体的社会。换言之，经济规律只有在其所属的一定社会阶段中并通过该社会阶段发展才有效。然而，社会本身却并不是经济学理论的研究主体。对于经济学

[①] 琼·罗宾逊（Joan Robinson），英国著名女经济学家，新剑桥学派的代表人物，亦作为"凯恩斯学派"的代表人物著称。——译者注

[②] Joan Robinson. Economic Philosophy: An Essay on the Progress of Economic Thought [M]. New York, 1962: 68-88.

思想来说，认为经济规律是"颠倒的社会关系形式"的观念是一桩丑闻，这一观点使经济学失去了其具体的研究对象。然而，如果经济学研究不涉及对社会本质的讨论，如果它因此就必须消除对这些社会关系本质的关注，以便将自己确立为一门关于抽象的经济量和资本量的科学，那么它就必须接受其研究的主体相当于是经济存在的形而上学。罗宾逊在经济学似乎无法将自己确立为一门经济问题的科学时气急败坏地说道："K 是资本，ΔK 是投资。那么 K 是什么？为什么当然是资本？它一定意味着什么。所以让我们继续进行分析，而不要去理会这些要求我们说出它的含义的蠢货。"[①]

经济学被认为是一门缺乏关于人类-社会"形而上学"基础的学科，并往往倾向于将其自身定义为关于经济数字的科学，进而将其应用为一种分析经济成本和经济收益之间关系的方法，又或者将其视为一门关于物理数量的科学。但无论是作为一门数字或原子的科学，还是作为对成本和收益的分析，经济学都被认为是某种特定的"第二自然"，尽管它独立于人类社会关系，但它却塑造了"经济人"的行为——他们为争夺一个经济系统的战利品而斗争，仿佛它是一种独立的自然物。根据传统经济学理论，这种在第二性质的规定秩序中的第一性质的不确定性，始于萨伊（Say）著名的"供给创造自己的需求"理论。在这里面，社会个体被视为在自发秩序的框架内运转，其中每个社会个体的相对价值或经济地位都是不确定的，但在自发互动的一般情况中，单个的社会个体对所有人负有义务。对经济学来说，经济数量的运动表现了价值偏好，并揭示了一种理性的经济行为是如何由价格变动来调节的。这种偏好将上一阶段的价格运动合理化作为其多元表现，并在这种直接且即时的计算基础上预测下一阶段经济量的效用运动。要而言之，它把上一阶段的经济行为汇总起来以衡量今天的偏差，进而预测下一阶段的价格走势，目的是获得下一阶段预测的成功。一句话，它把大量的"资本"转化为代数。

马克思的政治经济学批判则认为，所谓经济的"自然性质"并不是经济学

[①] Joan Robinson, Economic Philosophy: An Essay on the Progress of Economic Thought [M]. New York, 1962: 68.

的本质属性。经济学的本质是社会，而社会则是由在社会关系中的每个社会个体构成的。个体的人在其社会关系中表现为经济事物的人格化——也即经济规律的承载者，这一论述集中体现了对政治经济学作为一种否定的社会理论的批判。马克思认为，在资本主义中，个人被自己所创造的产品支配，因此看上去像是经济自然性质的东西实际上具有一种社会构成的属性，并从属于一定社会阶段特定的社会关系。由此可知，社会现实具有一种"客观性的表象"：在这种表象中，社会个体在他自己的社会世界中消失了，只带着一个"价格标签"重新出现并被这个标签支配。然而，这种由社会主体向经济客体的颠倒转换是个体自己的"杰作"，这种颠倒并不是从某种抽象的经济事物中派生出来的，而是经济范畴将自身客观化为行为主体——仿佛是自然的力量一般。因此，对于政治经济学批判而言，关键的问题不是去发现一般的历史经济规律。相反，它的批判对象是现实存在的社会，在这个社会中，一定的社会关系以抽象经济力量的形式存在，这些经济范畴还被赋予了一种无形的意志，声称自己是一种自然规律。

二、经济的自然性质与资本主义剖析

阿尔都塞曾提出一个著名的论断：马克思的政治经济学批判是"理论上的反人道主义"，他还主张要用实践的人道主义政治来拨乱反正。阿尔都塞在《资本论》法文版的序言中提出过两个重要论断，简明扼要地表达了他的反人道主义立场。首先，他认为马克思1844年在《巴黎手稿》中的异化哲学思想与作为科学社会主义奠基人的"经济学"形象的马克思没有任何关系。因此，他拒绝把"物化"理论作为早期马克思异化理论的发展投射到"商品拜物教"分析中，并认为这种做法牺牲了马克思主义论证本身的科学性。其次，他认为《资本论》发展了科学马克思主义的概念体系，即马克思主义不是作为对现实资本主义的一种批判，而是作为理解整体历史的一种科学方法。阿尔都塞认为，马克思对资本主义的研究使其发现了在资本主义经济关系结构中表现出的一般历史经济规律。因此，马克思的《资本论》被认为是以历史上特定阶段的资本主义形式呈现了生产力发展的一般经济规律。换言之，社会结构是由生产力决定的，而生产力则表现为历史上特定的社会生产关系。资本主义的社会关系被认为是在一般经济规律的客观框架内展开的。施密特（Alfred Schmidt）则认为，阿尔都塞对马克思政治经济学批判所持的结构主义观点，"并没有用结构主义的语言解释清楚为人熟知的马克思主义……相反，他将一种结构主义的立场毫无仪式感地呈现为马克思主义的立场"[1]。然而，阿尔都塞关于1844年《巴黎手稿》的观点是正确且有根据的。抽象的人的本质或者说"人"本身并不存在，人类学的立场并不严谨且值得批判。

阿尔都塞将晚年的马克思形象视为"科学主义的马克思"，并将"科学"本身定义为一种无主体的话语。[2] 由此他认为，只有在关于"人的哲学神话化为灰烬"的前提下，人们才能真正认识人。[3] 普朗查斯（Nicos Poulantzas[4]）认同阿尔都塞的观点并将其进一步推进，他认为科学的马克思主义是与"主体的历史问题"的彻底决裂。[5] 这类观点认为，为了实现科学的理解，社会科学自身必须是一门无主体的科学，并指涉了一种将社会视为具有一般经济规律的历史特定结构的概念。在他看来，科学是对社会结构发展必然性和趋势的一种"意识"。它承认在对资本主义生产方式的解剖中有一般经济规律的结构性存在，且不受被重新定义的"物化"或"行动"主体的人道主义干扰（无论是异化的主体形式还是反资本主义的主体形式）。同前文所述的经济学家们一样，为了科学地洞察对资本主义一般经济规律的剖析，科学的马克思主义认为对经济问题的分析必须"不带有任何形而上学的思想"[6]。

---

[1] Alfred Schmidt. History and Structure [M]. Cambridge, MA, 1983: 83.
[2] Louis Althusser. Lenin and Philosophy [M]. New York, 197: 160.
[3] Louis Althusser. For Marx [M]. London, 1996: 229.
[4] 尼科斯·普朗查斯（NicosPoulantzas），阿尔都塞的学生，结构主义马克思主义的政治学家，著有《政治权利和社会阶级》（1973）、《国家、权力和社会主义》（1978）等。——译者注
[5] Nicos Poulantzas. "Theorie und Geschichte: Kurze Bemerkung über den Gegenstand des 'Kapitals'", in ed. Walter Euchner and Alfred Schmdit, Kritik der politischen Ökonomie, 100 Jahre Kapital [M] Frankfurt, 1969: 65.
[6] Wolfgang Fritz Haug, Vorlesungen zur Einführung ins "Kapital" [M]. Hamburg, 2005: 11. IdiscussHaug's contribution in "Naturalisation versus Critique of Economic Categories", 2009, Critique. Journal of Socialist Theory, 37 (2), 279–92.

对结构主义传统来说，资本主义经济范畴在历史上多元决定的社会形式中体现了一般的经济规律。这些范畴没有把实际的社会生产关系概念化，而是认为资本主义发展是"在一般规律的领域内"进行的，在这个领域内，"资本主义的发展是由行为主体和阶级行动，以及由此产生的具体危机条件及其政治后果决定的"。① 因此，对"真实存在的"社会的分析依赖于中介概念的发展，这些概念分析了一般经济规律在具体环境中的中介作用。然而，这种中介作用是很难实现的。资本主义政治经济学的一般规律作为一种自然的力量运转，导致"自然规律和社会规律之间的明确区别"被打破。② 豪格（Wolfgang Fritz Haug③）的论述体现了适合以明确方式解决这一难题的科学方法。在他看来，每一个经济范畴都可以追溯到自然界的某种基础上，因此科学的方法在于追溯社会现象的自然基础。④ 然而，自然并不是抽象存在的。我们不可能在历史中找到自然必然性的"纯粹表现"，因为它从不直接与其在具体社会中自然必然性的出现相一致。因此，"历史……（是）多元决定的领域"⑤。从这个角度来看，政治经济学批判揭示了一般经济规律的资本主义"运作模式"（Wirkungweise）。在方法论上，对资本主义的结构主义分析采用了一种类似于生物学家使用显微镜的抽象方法，即通过"微观"分析，在对资本主义社会关系的抽象中剖析出一般经济规律，并进一步确定最终支配社会的必然经济规律。

结构主义传统还认为，最基本的经济规律是劳动作为社会再生产目的性活动的必然性。因此，劳动本身表现出一种跨历史的物质必然性，这种必然性是由它与自然界之间发生新陈代谢交换所决定的。资本主义由此被看作是劳动的这种必然性在历史上的特定表现形式。然而正如普殊同（postone）指出的那样，

---

① Joachim Hirsch. The State Apparatus and Social Reproduction: Element sofa Theory of the Bourgeois State, in ed. John Holloway and SolPicciotto, State and Capital [M]. London1978：74－5，emphasisadded.

② David Harvey. History versus Theory: A Commentary of Marx's Method in Capital [J]. 2012, Historical Materialism, 20（2），13.

③ 沃尔夫冈·弗里茨·豪格（WolfgangFritzHaug），德国哲学家。"新马克思主义"研究者，曾任柏林批判理论研究所所负责人。——译者注

④ Wolfgang Fritz Haug. Vorlesungen zur Einführung ins "Kapital" [M]. Hamburg, 2005：108.

⑤ Haug. Vorlesungen zur Einführung [M]. 96.

这不是"生产批判,而是提供了一种认为物质生产中各种因素的技术关系所界定的生产理论",是一种关于使用价值生产的观点。① 由此,结构主义认为在抽象的、不受时空限制的、作为有目的的与自然界进行交换的劳动中,存在着永恒的一般规律,也存在着这种劳动交换在历史上的具体形式。这两种形式被认为是劳动的物质必然性与其社会形式之间的矛盾统一——也就是传统马克思主义中所指出的,跨历史的生产力和历史上特定社会生产关系之间的矛盾,而劳动的这种物质必然性作为跨历史的生产力和历史上特定社会生产关系之间的这种关系,确立了资本主义的基本矛盾。

这种理论解释认为,使劳动具有跨历史的物质必然性的资本主义模式本质上是一种私人占有生产要素的合法所有权。巴里巴尔(Étienne Balibar)便认为,资本主义社会关系是跨历史的生产力在历史上被多元决定的表现,其中"生产的经济关系显示了……作为三个功能定义术语之间的关系:所有者阶级、生产资料、被剥削的生产者阶级"。换言之,生产力被认为是以历史上特定社会分配关系的形式表现出来的,这些关系"通过生产资料所有权的法律关系映射到生产上"。② 作为一种政治经济学理论,它根据对生产要素之一的合法所有权来确定社会的阶级特征,各阶级从这些要素中获得不同收入,例如土地所有者的租金、生产资料所有者的利润和劳动生产者的工资。资本主义由此被视作一种基本上私人的劳动组织,其基础是生产资料所有者对劳动产品的合法所有权。同时,这种劳动组织的私人性本质上又是社会性的,因为每个人实际上都在为彼此工作。劳动的私有组织性质和它的社会性质之间的联系由市场建立:市场使大量私人劳动相互接触,建立起买卖关系,私人劳动的社会性质进而受到市场价值规律的支配。在资本主义中,价值规律被认为不仅通过基于市场的交换关系,而且通过阶级斗争来调节社会财富的分配。例如,谁得到财富?谁来支付

---

① Postone. Time, Labour and Social Domination Cambridge [M]. 1996: 9.
② Étienne Balibar. "The Basic Concepts of Historical Materialism", in Louis Althusser and Étienne Balibar, Reading Capital [M]. London, 1970: 233.

紧缩的成本费用？因此，杰索普（Bob Jessop①）认为，资本主义交换关系涉及多种社会力量之间的互动关系，而这些社会力量又意味着多中心、多尺度、多时间、多形式和多周期的过程，它们在彼此纠缠、错综复杂的环境中共存，并且相互渗透。

阿尔都塞还认为，《资本论》不是对资本主义作为一种正在发生着的过程的批判，而是对资本主义作为一般经济规律的科学研究。这一论断如果是作为对资本主义经济形式具有自然基础，并因此表现出自然倾向这一传统的简洁描述，那么这个观点是恰当的。在政治思想史上，这种观点源自"古典政治经济学"。事实上，试图将政治经济学从人类目的论的形而上学包袱中解放出来的理论尝试古已有之，从古典政治经济学到历史唯物主义的古典传统，无不进行过这种尝试。作为对一般经济规律的科学研究，它允许将一般经济规律作为自然规律（Naturgesetze），就像斯密所提出的物物交换的自然倾向一样，是在历史上不断发生着的、引领着进化的过程，在古典政治经济学的话语中，它的发展逻辑似乎是线性的；而在古典马克思主义的传统中，这意味着一种更加矛盾的斗争过程，但随着时代向资本主义的推移，进而过渡迈进社会主义，仿佛历史真的是某些自动化的、神学意义上已经构成的，并通过其自身固有的力量来展开的东西。

总之，阿尔都塞强调马克思主义不是脱离社会去思考问题，而是通过分析资本主义社会来发现一般的经济规律，然后把资本主义社会设想为其对资本主义的分析所确立的那些一般经济规律的表现形式。换言之，它以一种实证分析性的视野来思考现实的事物，类似于对现实的摄影"映像"，将资本主义的社会关系与它们看似自然力量的外表联系起来。因此，它对社会的把握显得似乎完全现实，因为它将社会置于其直接存在之中，社会"纯粹是外表……是在其背后运行的过程"。② 作为一门无主体的关于经济过程的科学，它把人类作为其自

---

① 鲍勃·杰索普（Bob Jessop），英国兰开斯特大学社会学教授，著名马克思主义学者，长期从事国家与国家权力、政治经济学批判等研究。——译者注

② 马克思恩格斯文集：第 8 卷 [M]. 北京：人民出版社，2009：51.

身社会世界的主体并融入其经济倒置的"实质"中,"这种意识的幻想变成了关于社会自然属性的教条式的直接性"。① 总之,它对资产阶级社会的批判是完全抽象的。这种抽象的否定"将资本主义社会自然化为某种跨历史的劳动物质必然性在历史上的多元表现,将既定劳动制度的缺陷归咎于资本家",并宣称知道"需要做些什么"来解决问题。② 虽然阿尔都塞在"理论上的反人道主义"中使社会不受思想的影响,但他"实践的人道主义"却宣称一种从社会中抽象出来的进步目的,即拒绝"一切歧视,无论是种族、政治、宗教"。它"是对所有经济剥削和政治统治的拒绝"。③ 社会关系的人道化是政治经济学批判的目的和最终愿景。然而,这种人性化的努力面临着一个悖论,即它预设了以非人道条件的存在作为其前提——非人道的条件不仅是人道化的障碍,而且是其概念的前提。

因此,阿尔都塞"实践的人道主义"体现了其无主体的社会科学的幻想性特征。它将现实社会设定为一种对文明社会关系的"摹仿",并以此来衡量残酷现实世界的非理性、剥削性和歧视性关系。由于缺乏对实际生活中社会关系概念的理解,其实践的人道主义"不谈魔鬼",相反,"它着眼于光明的一面"。④ 所谓教条主义思想的缺陷正是基于这样一种观点,即认为社会是一个无主体的过程。⑤ 因此,这种理论只适应于现有的"客观条件",这些条件使个人仅仅隶属于经济范畴的人格化,其实践的人道主义谴责这些范畴是"剥削性的""歧视性的""暴力的""不公平的"和"非理性的"。

三、经济客观性与社会构成:论批判的概念

对批判理论传统来说,马克思的政治经济学批判是"内在的,即使它最后

---

① Theodor Adorno. Negative Dialectics [M]. London, 1990: 205.
② Adorno. Lectures on History and Freedom [M]. Cambridge, 2008a: 25.
③ Louis Althusser. For Marx [M]. London, 1996: 237.
④ Theodor Adorno. Minima Moralia [M]. London, 1974: 114.
⑤ Max Horkheimer. Zur Kritik der instrumentellen Vernunft [M]. Frankfurt, 1985: 84.

否定了其所进入的整个领域"。政治经济学批判抵制了用思想的真理内容替代"其社会功能和利益条件制约"的诱惑。其历史唯物主义也内在于"事物错误状态的本体论"中,并从内部发展了资本主义关系的概念。换言之,从批判的角度来看,历史唯物主义是"对理解事物的教条主义态度的消解"。① 这种批判并不是从一些抽象构想的、跨历史性质的或发生着的生产力中推导出社会生产关系,相反地,它追问:为什么社会生产关系会呈现出具体事物与"物化"事物之间的关系形式?

马克思的政治经济学批判有力地拒绝了劳动的自然化概念。他对这种概念的蔑视与之对斯密和李嘉图的古典经济学,以及他那个时代流行的社会主义(从蒲鲁东到德国社会民主党人)的关系都尤为密切。在对斯密和李嘉图的批判中,马克思认为他们二者把经济范畴自然化了,被"当作出发点的单个的孤立的猎人与渔夫,属于十八世纪的缺乏想象力的虚构"。② 马克思认为自己的工作是对整个经济范畴体系的批判。与恩格斯认为历史唯物主义是研究"自然界、人类社会和思维的运动和发展的普遍规律"③的科学不同,马克思把他的"唯物主义方法"定义为对现存社会关系的批判,即不是从某种抽象的物质性劳动的必然性出发,而是从社会关系概念本身的角度着手进行批判。

对政治经济学批判而言,各种商品都变成了社会的"象形文字",这需要从实际的社会关系内部加以解释。马克思说,我们需要"了解他们自己的社会产品的秘密:因为把使用物品规定为价值,正像语言一样,是人们的社会产物"。④ 因此,商品拜物教源于生产商品的劳动自身所具有的特殊社会性质。普殊同抓住了这一点,认为传统马克思主义从劳动立场出发,对作为生产力的一般历史规律进行论证的观点必然无法接受对拜物教的批判,事实上,正如"基于上帝"对上帝的批判导致了关于上帝真实本质的学术争论一样,基于经济范畴的性质对经济性质的批判也导致了关于物化事物真实意义的令人着迷的学术争论。正

---

① Theodor Adorno. Negative Dialectics [M]. London, 1990: 197, 11, 196.
② 马克思恩格斯全集:第46卷上册 [M]. 北京:人民出版社,1956:18.
③ 马克思恩格斯文集:第9卷 [M]. 北京:人民出版社,2009:149.
④ 马克思恩格斯文集:第5卷 [M]. 北京:人民出版社,2009:91.

如对宗教的批判一样，对经济范畴性质的批判不是对事物本身的批判。它是对以事物之间的关系形式表现出来的特定社会关系的批判。因此，在资本主义社会表象中作为经济范畴之间关系出现的并不是某种一般的经济性质，而是以客观经济力量为表现形式的实际社会关系。

因此，"生产力"并不从属于社会经济运动中抽象出的一般规律。相反，它们从属于特定的社会历史阶段。正如马克思所言，生产力和生产关系是社会个体发展的两个不同侧面。这一点很关键，不仅因为它体现了古典政治经济学与马克思政治经济学批判之间的差别，还因为它体现了作为批判性社会理论的政治经济学批判与传统马克思主义的政治经济学论述之间的根本区别，后者将历史赋予一种物质力量，并声称历史唯物主义是具有跨历史性的，或者又声称一种任何情况下自然决定的生产力与历史上特定生产关系之间的辩证关系。阿多诺称这种传统马克思主义的历史唯物主义观念是对"马克思主义动机的反动"，并将其批评为一种"形而上学"。① 他认为这种观念否认了"主体的自发性，即生产力和生产关系之间客观辩证法的运动"。②

政治经济学批判不是抽象地设定经济事物和范畴，而是针对事物本身，消解它们作为自然力量的外观。其批判的意图是对政治经济学进行非神学化的破译。因此，它"删除了意识的形象特征"。③ 资本主义社会关系以物与物之间的关系为形式，行为主体由此将自己的社会世界设定为一个彻底受经济运动规律支配的世界。从批判的角度来看，意识形态不仅仅是一种有关客观世界的观念。相反，它是以现实经济抽象物的颠倒形式出现的确定社会关系的"社会必要外观"④。因此，把资本主义社会形式作为一般历史规律中多元决定结构的科学推定无非是一种纯粹的意识形态，它实际上把社会的表象变成了一种科学的规范。

马克思在对经济范畴的跨历史性进行批判时，意识到"价值"是资本主义社会关系的自我运动和一种纯粹的社会需要。在资本主义中，社会个体受"他

---

① Theodor Adorno. Negative Dialectics [M]. London, 1990: 355, 358–360.
② Theodor Adorno. Negative Dialectics [M]. London, 1990: 205.
③ Theodor Adorno. Negative Dialectics [M]. London, 1990: 205.
④ Theodor Adorno. Negative Dialectics [M]. London, 1990: 188.

自己创造的产品"的支配，而在抽象颠倒形式的经济社会中的这种现实支配，居然宣称自己是"起调节作用的自然规律"。① 对劳动生产的理解必须拒绝这种从看似自我运动的经济力量中就能推导出人类社会关系的理论诱惑。在阿多诺看来，这种推导体现了"物化的意识形态"——在物化的魔力下，思想将经济范畴的属性认定为被揭示的社会真理。② 与此不同，马克思的政治经济学批判是"从实际生活社会关系中"认识"发展着的资本主义社会的现实"。换言之，政治经济学批判是通过"社会存在"进行思考的，批判内在于其中并通过社会进行思考。因此，政治经济学批判是对重新确立的经济范畴的颠覆，这种批判不根据经济范畴的直接表象来识别，而是将这些范畴追溯到实际的生活关系。由此，政治经济学批判否定了那些将经济范畴作为自然概念进行的欺骗性理论宣传。马克思认为，这些经济范畴的自然外观只是一种社会必然性的幻觉，但它仍然只是一种幻觉，而且是一种客观的幻觉。批判的任务不是去宣传或描述社会的客观假象，而是要消解它们的自然表象，这种消解必须通过破译它们作为人类社会的形式来实现，即不是把人作为"抽象的个体"，而是将其视为处于特定社会关系形式中的成员。一句话，"凡是把理论引向神秘主义的神秘东西，都能在人的实践中以及对这种实践的理解中得到合理的解决。"③

这些存在于马克思早期著作中的观点曾被认为没有太大价值，因为多数人都认为马克思在进入对政治经济学的认真研究之后，已经成长为一名熟知经济结构的科学家。不得不说这一观点倒是准确地反映了马克思的确是一名非常聪明的学者，也正是出于这个原因，他后期的作品才必须得到最认真的对待：正如马克思在其成熟时期的作品中所主张的那样，批判必须把事物本身之间的关系，即经济范畴的构成形式，回归到"人与人之间的社会关系"，而对商品形式的拜物教批判，则需要将"令人困惑的形式"破译为人与人之间的社会关系形式。因此，他把自己的批判定义为对"经济范畴的批判"，并认为这相当于对整

---

① 马克思恩格斯文集：第 5 卷 [M]. 北京：人民出版社，2009：92.
② Theodor Adorno. Gesellschaftstheorie und Kulturkritik [M]. Frankfurt, 1975：60.
③ 马克思恩格斯文集：第 1 卷 [M]. 北京：人民出版社，2009：501.

个经济范畴体系的一般批判。对于批判理论传统特别是"新马克思阅读"来说，马克思的政治经济学批判相当于试图破译整个经济神秘化体系并将其解读为一种社会构成的真实抽象。经济抽象的运动既是客观的，因为它是以扭曲的经济形式表现出来的特定社会关系的构成现实；也是虚幻的，因为它总是以一种自我运动的必然性经济力量的面貌出现。

马克思政治经济学批判著作关注的重点是"形式"，首先是意识的形式（即宗教和法律），然后是政治经济学的形式。这种对形式的关注"与对社会存在的颠倒形式的批判是一致的，这种存在是由人类的生活实践所构成的"。① 换言之，每一种社会"形式"，即使是最简单的形式，如商品，都已经是一种颠倒，使人与人之间的关系表现为物的属性，又或者说，每一种形式都是一种"颠倒的形式"，它使社会关系表现为"货币的运动"，使个体表现为货币、价格和收益等经济力量可调整的衍生物，正如我在一开始所论证的，经济学家试图在不受"形而上学"干扰的情况下确定这一点。"硬币"的运动的确表达了人与人之间的一种特定社会关系，这种关系以商品与货币之间的关系形式存在，在其中，实际的社会关系只是作为货币的生产要素而存在。在资本主义中，个人实际上被货币的运动支配——他们把自己与社会的关系，以及由此获得生存资料的手段都装进了口袋里。虽然货币往往会膨胀或紧缩，但货币本身并不是主体。然而货币却把自己强加在人身上，以至于达到让人疯狂或将人置于灾难中的地步，从对现金和产品、货币和利润的社会意识，到赤裸裸的苦难和流血，无不体现了这一点。资本主义的财富是货币的不断增殖，而这种增殖的必然性在人身上将表现为个体成为纯粹的"价值代理人"，其生活依赖于资本逻辑展开的方式。多么怪异的现象！一个经济范畴，或者说一枚硬币，它在本质上只不过是一块金属，却在具有决定性的经济运动中表现为一种经济数量，并宣称有一种力量能使"所有人的生命都取决于此"。换言之，当必然性的神话概念被解构为一种世俗的"资本逻辑"时，它就变得不那么神秘了，这种逻辑类似于一种抽象的

---

① Helmut Reichelt. "'Jürgen Habermas' Reconstruction of Historical Materialism", in ed. Werner Bonefeld and Kosmas Psychopedis, The Politics of Change [M]. London, 2000: 105.

系统逻辑，通过竞争性的价格信号来构建个人实际的经济行为。

四、结语

  对于批判理论传统来说，资本主义式的财富积累体现了一种明确的劳动概念，批判理论恢复了反对古典政治经济学传统的洞察力，后者通过论证劳动是各种社会形式中所有社会财富的来源进而将其从政治经济学批判中剔除。古典政治经济学将财富的生产视为一般人的生产活动，从而脱离了每种特定社会形式的具体特征。而根据这种理论传统，使资本主义不同于其他社会制度的不是其社会劳动的特殊性，而是"所有者阶级"对生产资料和劳动产品的合法权利将资本主义社会关系区分为一种历史上特定的财富占有和分配形式。古典政治经济学未能像马克思在批判李嘉图时所说的那样，去研究劳动作为商品的共同要素所表现出来的具体形式；它也因此将资产阶级形式的劳动视为社会劳动的永恒自然形式，进而将其定义为一种抽象的社会财富的生产力。与正统马克思主义传统相比，马克思的批判并不意味着将经济规律本体论化。相反，他主张把经济规律作为实际生活关系的纯粹社会形式来进行批判。作为批判理论的纲领，这规定了破译"内在的灵魂"和受经济数量运动支配的社会"特殊生活"的任务。

  "新马克思阅读"引入了一种剥离教条主义式确定性和自然主义式社会概念的马克思主义。它使马克思对经济客观性的颠覆看上去理所当然。然而，其自身的批判重点却显得模糊不清。面对正统的阶级理论和劳动范畴的工具化趋势，它试图在不阐释这些基本范畴的前提下更新马克思主义的批判性学术研究，它把重点放在价值形式上，以确立资本主义现实过程中的实际交换关系，在这种关系中，两种不同商品之间的差异以等价交换的形式变得相等，其中，商品以货币的形式表达其交换价值。在货币的形式中，商品都是相同的——某种抽象的价值形式。事实上，由于生产是为了交换价值而生产，交换价值本身就变成了使用价值，换言之，它在交换中能实现多少价值？其收益率是多少？然而，在等价交换中没有利润。资本主义交换关系包括以价值等价形式进行的不平等价值之间的交换,这种情况便需要解释。如果没有关于抽象劳动、阶级和阶级对立的批判性理论,这些交换关系就无法完全确立。这样做的目的是用对实际社会关系的批判来代替对价值形式的抽象逻辑发展。

资本主义的财富形式表现为一种商品和另一种商品之间的关系,因此,它以价值的形式出现,并把自身定位为一种无限自我扩张的力量,价值进入了与自身的私人关系。由此,价值现在变成了实际过程中的价值,实际过程中的货币,并因此变成了资本。然而,这种独立的财富过程是建立在资本主义劳动的特殊性基础之上的,它首先是以劳动力的商品化为前提,并建立在劳动者与生产资料的分离基础之上。换言之,资本主义的生产关系只有在劳动力以商品形式出现的条件下才能产生。

马克思把劳动力商品形式的特殊性发展为关于资本主义财富增殖的特殊性的争论,在他看来,区分具体劳动和抽象劳动同区分阶级关系一样重要。正如他在写给恩格斯的一封信中所说:"我书中最好的观点是:1.(这是所有对事实的理解的根本)根据劳动是以使用价值还是以交换价值表示的双重性质,这一点在第一章中已经提出;2. 对剩余价值的处理与它的特定形式,如利润、利息、租金等无关。"① 可见,资本主义产生的利润意味着作为商品化劳动力的买方和作为剩余价值生产者的劳动力卖方之间的阶级关系。因此,资本主义劳动的特殊社会形式是建立在劳动与其生产资料相分离的基础之上的,并以劳动被区分为具体劳动和抽象劳动的双重特征为前提。它以剩余价值的形式生产财富,而劳动的价值有效性则以货币的形式体现在交换中。在令人眼花缭乱的货币形式中,价值似乎类似于一个自动的过程——"原始价值……独立地使自己增殖",货币被扔进流通领域并开始"下金蛋"。在不平等的价值之间出现的交换等价(M... M′)是带来'生活的春天'的货币。因此,马克思将价值形式的展开设

---

① Karl Marx, "Letter to Engels, 24.8.1867", Collected Works, vol. 42 [M]. London, 1987: 407.

定为展示"这种货币形式的起源"的尝试[①]，并认为它建立在资本主义劳动形式的特殊社会性质之上，这种劳动"只有通过生产其反面才能成为生产力"，也就是价值，而价值是过程中的货币，因此是资本。

总之，货币和基于市场的交换关系都不是资本主义所特有的，其特殊性实际上建立在一种特殊商品——劳动力商品化的基础之上。与任何其他商品一样，劳动力具有使用价值和交换价值，在假定它是基于平等、自由和效用的自由主义原则基础上进行交易的前提下，劳动力根据其价值通过等价交换的方式被出售和购买。而劳动力作为商品的特殊性在于，其消费可以创造出比它本身更多的价值。因此，它具有创造剩余价值的能力，这种剩余价值以利润的形式通过"物本身"的等价交换来实现。在等价交换关系中，"钱……更值钱"，正是这种"大于自身价值"的表现，是马克思将资本视为一个"获得为自身增殖的神秘能力"的自动主体概念的核心。他问道："它从哪里得到这种性质？"马克思认为，生产货币的货币意味着一种特殊商品的存在，这种商品的消费将"创造剩余价值"[②]。对价值形式作为价值等价的神秘事物的理解并不在于其本身。相反，正如阿多诺所见，价值等价的神秘表象（Schein）在于剩余价值。在两个不平等的价值之间的等价交换中出现的是以利润形式出现的剩余价值。因此，不平等价值之间的等价性是以剩余价值的概念为前提的，并由此产生了两种价值之间的阶级关系：劳动力的购买者和剩余价值的生产者。

参考文献

1. 马克思恩格斯文集：第4卷［M］. 北京：人民出版社，2009.

2. Backhaus. Die Dialektik der Wertform［M］. Freiburg，1997.

3. Theodor Adorno. Negative Dialectics［M］. London，1990.

4. Max Horkheimer. Kritische und Traditionelle Theorie［M］. Frankfurt，1992.

[①] Helmut Reichelt,"Zur Konstitution ökonomischer Gesellschaftlichkeit", in ed. Werner Bonefeld and Michael Heinrich, Kapital & Kritik［M］. Hamburg, 2011.

[②] 马克思恩格斯文集：第5卷［M］. 北京：人民出版社，2009：269.

5. Joan Robinson. An Essay on the Progress of Economic Thought [J]. Economic Philosophy, New York, 1962.

6. Alfred Schmidt. History and Structure [M]. Cambridge, MA, 1983.

7. Louis Althusser. Lenin and Philosophy [M]. New York, 1971.

8. Louis Althusser. For Marx [M]. London, 1996.

9. Nicos Poulantzas. "Theorie und Geschichte: Kurze Bemerkung über den Gegenstanddes 'Kapitals'", in ed. Walter Euchner and Alfred Schmdit, Kritik der politischen Ökonomie, 100 Jahre Kapital [M]. Frankfurt, 1969.

10. Wolfgang Fritz Haug. Vorlesungen zur Einführung ins 'Kapital' [M]. Hamburg, 2005.

11. Wolfgang Fritz Haug. Naturalisation versus Critique of Economic Categories [J]. Critique Journal of Socialist Theory, 2009.

12. Joachim Hirsch. The State Apparatus and Social Reproduction: Elements of a Theory of the Bourgeois State [J]. ined. John Holloway and Sol Picciotto, State and Capital, London, 1978.

13. David Harvey. History versus Theory: A Commentary of Marx's Method in Capital [J]. Historical Materialism, 2012.

14. Postone. Time, Labour and Social Domination [M]. Cambridge, 1996.

15. Étienne Balibar. The Basic Concepts of Historical Materialism [J]. in Louis Althusser and Étienne Balibar, Reading Capital, London, 1970.

16. 马克思恩格斯文集（第8卷）[M]. 北京：人民出版社, 2009.

17. Adorno. Lectures on History and Freedom [M]. Cambridge, 2008.

18. Theodor Adorno. Minima Moralia [M]. London, 1974.

19. Max Horkheimer. Zur Kritik der instrumentellen Vernunft [M]. Frankfurt, 1985.

20. 马克思恩格斯全集：第46卷上册 [M]. 北京：人民出版社, 1956.

21. 马克思恩格斯文集：第9卷 [M]. 北京：人民出版社, 2009.

22. 马克思恩格斯文集：第5卷 [M]. 北京：人民出版社, 2009.

23. Theodor Adorno. Gesellschaftstheorie und Kulturkritik [M]. Frankfurt, 1975.

24. 马克思恩格斯文集：第1卷 [M]. 北京：人民出版社, 2009.

25. Helmut Reichelt. "'Jürgen Habermas' Reconstruction of Historical Materialism", in ed. Werner Bonefeld and Kosmas Psychopedis, The Politics of Change, London, 2000.

26. Karl Marx. "Letter to Engels, 24.8.1867", Collected Works: vol. 42 [M]. London, 1987.

27. Helmut Reichelt. "Zur Konstitution ökonomischer Gesellschaftlichkeit", in ed. Werner Bonefeld and Michael Heinrich, Kapital & Kritik, Hamburg, 2011.

（作者单位：英国约克大学政治学系；译者单位：复旦大学马克思主义学院）

德国历史学派方法论的演进轨迹与当代价值研究[①]

段艳芳 石越

摘要： 1841年李斯特发表《政治经济学的国民体系》标志着历史学派的产生，历史学派很快成为德国资产阶级经济学中居统治地位的学派。历史学派强调对特殊国度经济状况的历史研究方法，以对特殊矛盾的分析代替古典经济学的一般性研究，为方法论的发展注入了新的因素。经过旧历史学派、新历史学派及以韦伯、桑巴特为代表的"最新的"历史学派的发展，真正的历史方法论框架逐步创立并完善起来，为德国构建国家经济学体系提供了方法论基础。新中国成立70多年来，中国在长期的经济实践中不断探索适合自己的发展道路与理论体系，历史学派的学说主张与方法论演进框架，为探索现代经济学方法论合理化发展趋向提供了深刻反思，为中国特色社会主义政治经济学体系构建提供了有益借鉴。

关键词： 新旧历史学派 归纳法 演绎法 中国特色社会主义政治经济学

经济学自产生以来，为了达到与自然科学一样的"科学性"，经济学家们往往倾向于使用类似于自然科学的研究方法，把论证人类社会的一般性经济规律作为研究目的，并将找到可以囊括一切经济事实的一般性理论作为理想目标。

[①]【基金项目】国家社科基金课题青年项目（19CJL004）"中华人民共和国关税税率变迁史研究"，内蒙古自治区高校"青年科技英才"支持计划（NJYT-20-B32）——经济史方向的阶段成果。

无论是古典经济学、新古典经济学还是现代经济学，西方主流经济学致力于探讨"普适性"的经济理论范式与经济发展模式，世界各国不存在特有的经济理论及经济规律，均表现为这一"普适性"范式和模式的案例而已。新中国成立特别是改革开放以来，中国根据自身的特殊国情走出了一条独特的经济发展道路，取得了举世瞩目的成绩。既有的主流经济学理论无法解释中国改革与发展的实际，中国需要构建自己的国家经济学体系以解释过去、指导未来。德国历史学派学说主张与方法论体系的探讨，实际上是对构建德国国家经济学的首次尝试。当前，在构建和完善中国特色社会主义政治经济学的重要时期，重新回顾历史学派的学说观点与方法论演进轨迹，具有重要的历史与现实意义。

一、旧历史学派对一般性理论的批判及其方法论特点

历史学派作为德国最初的资本主义政治经济学派别，产生于德意志从封建领主制经济向资本主义经济过渡的历史时期。历史学派在经济学史上并不是"主流派"，与英法古典经济学一般性理论相比，他们更强调经济学说的相对性。促使德国历史学派在经济学史上具有突出地位的是其方法论体系，力求在方法上探索一条符合历史特性的新途径，以实现本国资本主义发展的特殊方式。历史学派的历史研究方法不仅在经济学方法史的演变中开创了独特性的分支，而且深刻影响了近现代经济学方法论的发展走向。

（一）德国社会变革的双重历史任务与德国历史学派的理论回应

当英法工业革命轰轰烈烈展开时，德意志仍是一个落后的农业国，封建农奴制下地主贵族掌握政权。拿破仑战争后，德意志被分割为38个小邦国，各邦关卡林立，不仅各邦有自己的关税壁垒，而且各邦内部各省区也分别规定了各自的地方税率。经济落后、交通不便、市场不统一阻碍了德国商品流通与工业发展。1833年为消除贸易障碍，各邦开始结成同盟，1834年德意志关税同盟建立，除奥地利和一些小邦外，其他各邦均加入其中。关税同盟将各邦纳入一个紧密联系的经济、贸易网中，共同税界的确立促使德国工业迅速发展，推动了

德国产业革命的展开，但是德国政治统一仍未完成。因此，与英法等早已建立资本主义制度的国家不同，德意志社会变革面临着双重历史任务：既要建立和巩固民族国家，又要建立和发展资本主义制度。

德国社会变革的双重任务要在同一历史进程中完成，这是包括黑格尔（Georg Wilhelm Friedrich Hegel）、历史学派等在内的德国思想家都要回应的时代难题。"本应分两个阶段的变革目标要在同一变革进程中完成，是德意志社会变革的特点，也是黑格尔等变革思想家必须解决的难题。"[①]"历史学派只是19世纪盛行于德意志地区的历史主义在经济学界的一种反映。"[②] 德国社会变革的双重任务具体到德国的经济变革中就是既要通过确立和发展本国资本主义经济实现产业革命，又要在产业革命过程中抵御英法资本主义竞争。德国历史学派提出"国民经济学"范畴对应英法"世界主义经济学"，用各国经济发展的"历史特殊性"对应主流经济学的"一般性理论"，这都是对德国双重历史任务的理论回应。

彼时英法工业已经有了很大发展，它们以古典学派的经济理论为依据，在国际市场上大力倡导自由竞争，德国的工业发展受到英法廉价商品冲击的威胁。如何摆脱英法的自由竞争，促进德国大工业发展，成为困扰当时德国资产阶级的重大难题。历史学派就在这样的情况下产生并发展了起来，"德国历史学派诞生的时期正是德语系的人们寻求国家统一的时期，也是他们寻求使自己的经济发展从英国对世界生产和贸易的统治中解放出来的时期"[③]。

历史学派学者否认英法古典经济学家所致力于研究的"世界经济学"及一般性理论，特别是英法古典经济学所鼓吹的自由贸易理论，认为各国国民经济发展具有差异性，并不存在通行于世界各国的"普适性"理论。德国的发展应把注意力集中于其特殊的历史条件之上，从本国的特殊条件出发探索适宜德国资本主义发展的特有理论与特殊道路，避免陷入英法一般性理论所指导的误区。

[①] 刘永佶. 黑格尔哲学［M］. 北京：中国社会科学出版社，2017：47.
[②] 杨春学. 国家主义与德国历史经济学派［J］. 社会科学战线，2020（06）：35-46.
[③] 杰弗里·M. 霍奇逊. 经济学是如何忘记历史的：社会科学中的历史特性问题［M］. 北京：中国人民大学出版社，2008：68.

(二) 李斯特"国家经济学"的方法论特点：强调国别和历史的特殊性

受到孔德"强调感觉经验、排斥形而上学"的实证主义潮流影响，与古典经济学家所揭示的"世界主义经济学"不同，历史学派更强调"国家经济学"的概念，这一方法论体系最早由其先驱李斯特（Friedrich List）所开创。

1. 对"世界主义经济学"一般性及其抽象演绎法的批判

李斯特敏锐地观察到各国国民经济系统具有差异性，国家是历史与现实的存在。他认为，英法古典经济学派的理论是一种"世界主义经济学"，其运用抽象演绎法以从某国特殊情况出发所得出的一般性理论解释整个人类社会，"它所看到的，一方面是全人类，另一方面只是单独的个人"[①]；这样的理论与方法体系忽视了国家间经济发展的差异性和历史特殊性；也不能全面考虑到各个国家的性质及其各自的特有利益和情况。虽然"世界主义经济学"对一般性理论的探寻"既具有科学的吸引力，又具有一些解释力，但是当涉及处于不同实体层次的特定情形和情况的细节时，它们的应用经常存在局限"[②]。

2. "国家经济学"对国家和历史特殊性的强调及以归纳法构建体系的尝试

在批判"世界主义经济学"的过程中，李斯特强调"国家经济学"的概念。他认为，国家是处于个人与整个人类之间的中介体。一个国家的经济状况是由其特殊的历史条件造成的，各国在发展经济时，应该充分考虑本国的特点，不应盲目追随英法两国所倡导的"一般性理论"。"国家经济学"相较"世界经济学"最大的特点就在于，其体系并不是建立在空洞的一般性理论之上，"而是以事物本质、历史教训和国家需要为依据的"[③]。

不同于以李嘉图（David Ricardo）为代表的英法古典政治经济学强调抽象演绎法，李斯特注重以现象归纳法构建其"国家经济学"的理论体系。并且，与英法古典经济学以"一般性经济规律"为研究目标不同，李斯特的归纳不是为

[①] 弗里德里希·李斯特. 政治经济学的国民体系 [M]. 北京：商务印书馆，1983：4.
[②] 杰弗里·M. 霍奇逊. 经济学是如何忘记历史的：社会科学中的历史特性问题 [M]. 北京：中国人民大学出版社，2008：13.
[③] 弗里德里希·李斯特. 政治经济学的国民体系 [M]. 北京：商务印书馆，1983：7.

了概括各种"一般性经济规律",而是充分重视国别与国家的历史特殊性,说明各经济部门的相互联系及其各自的特点。"将某一国度作为考察的特定范围,然后从历史的角度对其经济发展进行归纳,再确定其发展水平,据此提出相应的建议"①,这构成了李斯特方法论的主要特点。

李斯特为德国学术界开启了摆脱英法主流经济学一般性理论与抽象演绎方法的探索之路,但其"国家经济学"的理论与强调历史特殊性的方法还处于初级尝试阶段,他只是在很多方面提出了基本原则,完善的体系并未构建起来。直到罗雪尔(Wilhelm Georg Friedrich Roscher)时期,"历史的方法"才真正得以系统化,以"历史的方法"构建"国民经济学"体系成为德国历史学派的主要目标,罗雪尔也因此被认为是旧历史学派的创始人,他的《历史方法的国民经济学讲义大纲》被称为"历史学派的宣言书"。

(三)罗雪尔对经济学研究方法的专门探讨:"历史的方法"而非"哲学的方法"更适宜经济学研究

罗雪尔不注重对古典经济学理论的探讨,而是把研究重点放在了经济学研究方法的探讨上,认为英法古典政治经济学应用的是"哲学的方法",而"历史的方法"更适合经济学研究。他将以往的方法分为"哲学的方法"和"历史的方法"两种,"哲学家尽量抽象地、脱离一切时间和地点的偶然性去寻求概念或判断的体系;历史学家则尽量忠实地描绘现实生活,寻求人类的发展及其关系的记述"②。罗雪尔指出,以前的经济学研究中并没有形成适宜本学科的特有方法,而是在很长一段时间内将"哲学的方法"借过来使用。这一方法论特点在英法古典经济学的体系构建中表现明显。他们将只有追逐财富一种动机的抽象的"经济人"作为演绎的出发点,假定所有人的本性都是相同的,只是由于受教育程度、社会地位等的不同而略有差异。然而,现实并非如此,"现实的人受多种动机驱使,受到他所生活的那个时代和社会实际条件的影响。……生活的

---

① 刘永佶. 政治经济学方法史大纲[M]. 河北:河北教育出版社,2006:176.
② 威廉·罗雪尔. 历史方法的国民经济学讲义大纲[M]. 北京:商务印书馆,1986:11.

经济条件多种多样，支配人的行为方式的规则也因此丰富多彩"[1]。

如果按照"哲学的方法"，仅仅从实际生活的复杂现象中进行抽象，那么经济学就将显得非常贫乏。抽象法对于认识丰富而多变的经济生活并无益处，它只能在初步研究中起一定作用，要描述复杂的现实是不够的，必须采用新的方法。而经济学的目的不在于指出事物的理想状态应该是怎样，其更关注的是记述事物本身发展的过程。由此，罗雪尔提出，最适宜经济学研究的是"历史的方法"，即从各国的国度特殊性出发，注重历史过程的考察，通过对现象的观察、类比和归纳，得出各国经济发展的特有规律。他也将这一方法称为"生理学方法"，即将整个国民经济看作类似生物组织的有机体，"根据其历史的生长过程，对之进行生理学的描述"[2]。经济学研究中只存在国民经济的历史，经济学理论、学说及经济政策具有相对性及特殊性，并没有什么公认的一般性规律。只有探究过去，将不同国家不同历史时期的经济条件进行比较，才能避免陷入英法古典经济学以一般性理论概括人类共同经济规律的片面性及局限性，才能更好地理解各国及人类经济的未来。

虽然罗雪尔认识到了英法古典经济学一般性理论的问题，但他也陷入了片面强调特殊性的极端。只强调对特殊性的描述和归纳，使得罗雪尔缺乏整体性的认识观，也就无法形成对特殊现象整体性和系统性的认识。

（四）总结：通过对方法的创新探讨本国发展资本主义经济的路径

德国的经济发展远远落后于英法等先发国家，作为后发国家，德国需要完成民族国家的建立和资本主义的确立这一双重历史任务，并且建立起能够与英法资本主义国家相竞争的生产力水平，因此，德国要发展资本主义就不可能直接接纳主张自由竞争和自由贸易的英法主流经济学体系。然而，英法资本主义经济的发展所导致的资产阶级与无产阶级的矛盾已经显露出来，资产阶级政治经济学的目标已从研究经济本质庸俗化为辩护资本主义制度的合理性，这就决

---

[1] 约翰·内维尔·凯恩斯. 政治经济学的范围与方法 [M]. 北京：商务印书馆，2017：18.
[2] 刘永佶. 政治经济学方法史大纲 [M]. 河北：河北教育出版社，2006：181.

定了此时的德国资产阶级不可能在理论体系上有所创新，正如马克思所言，"德国社会特殊的历史发展排除了'资产阶级'在德国取得任何独创的成就的可能性"[①]。基于这一现实，不可能在理论体系上有所独创的德国资本主义经济学家选择了方法上的革新，通过对国别和历史特殊性的强调，探求本国发展资本主义的特殊路径。这种方法上的探讨无论对于经济学的发展，还是对于经济学方法论的发展，都具有重要的理论价值。

二、新历史学派对奥地利学派攻击的回应及其方法论特点

旧历史学派在使用其方法时，陷入了片面强调特殊性及纯粹归纳思维的极端境地，受到以门格尔（Carl Menger）为代表的奥地利学派挑战，掀起了经济学方法论上的大论战。施穆勒（Gustav Von Schmoller）对门格尔的攻击予以回击，但他也深深意识到单纯归纳法的局限，在对旧历史学派理论与方法的补充和完善中，以施穆勒为代表的新历史学派发展起来。

（一）旧历史学派的危机——奥地利学派对"历史的方法"的攻击

随着德国民族国家的建立、资本主义制度的确立以及资本主义经济的崛起，德国历史学派强调国家干预经济发展的观点在欧洲大陆广泛传播。到19世纪后半期，主张自由放任的奥地利学派开始从方法论的视角重新审视历史学派否定一般性理论的"历史的方法"。历史学派强调对国度历史特殊性的观察、类比与归纳，但基于历史描述的纯粹的经验科学可以不依赖于概念和一般性理论而单独存在吗？如果没有先前已有的概念框架，各类历史事实及其意义又该如何确定？

1. 门格尔对历史学派"历史的方法"和"国民经济学"范畴的批判

1883年奥地利学派创始人卡尔·门格尔出版《对社会科学，特别是对政治经济学的方法的研究》一书，将攻击的矛头直指德国历史学派。他将历史学派

[①] 马克思. 资本论：第一卷[M]. 北京：人民出版社，2004：18.

在德国及奥地利不可抗拒的影响力描述为"历史学帝国主义","历史学家像外国征服者一样一步一步踏入了我们的科学领域,给我们强加他们的语言,他们的习惯,他们的学术用语,以及他们的方法,在与他们的特殊方法不一致的每一个研究领域不可容忍地与我们发生争斗"。① 而历史学派最大的问题在于其方法论中犯了"使理论经济学与经济史混淆不清的那个错误"②,他们未能正确认识到科学理论最基本的基础,试图将政治经济学转化为历史性学科或有关经济历史之哲学。

门格尔认为,经济现象领域有两大研究取向,即旨在认知现象之个别性质和个别联系的个别的(历史的)研究和旨在把握普遍性质和普遍性关联的普遍的(理论性)研究。经济学是一门理论性学科,理论经济学的研究目的是揭示经济现象的普遍性质和普遍关联,而不在于揭示个别经济现象的性质和关联。历史学派反对理论的"永恒有效论"和"普遍有效论",试图通过对历史事实简单的经验描述,以个别的(历史的)研究避免一般性理论的缺陷,这是混淆了经济学理论性学科的性质与经济之历史性的关系。经济学理论在某种程度上难免具有某些弱点,确实不如自然科学一样精确,但并不能因此将理论性学科设想为一门历史性学科,更不能认为靠个别的(历史的)研究可以完全避免一般性理论的问题,事实上,在理论探讨方面,"'历史的方法'其实是心有余而力不足"③。

门格尔主张与历史学派历史归纳法相对立的抽象演绎法,认为经济学作为理论性学科,其任务是研究现象的一般性质和一般联系,经济理论研究的目的是理解现实世界并获得关于现实世界而超出直接经验的知识。经济研究就是要从这种一般性的理论或规律演绎经济现象。而要获得一般性理论仅仅依靠历史归纳是不够的,没有抽象演绎的帮助,历史的方法就"只能堆积大量不相关的

---

① 约翰·内维尔·凯恩斯. 政治经济学的范围与方法 [M]. 北京:商务印书馆,2017:210.
② 杰弗里·M. 霍奇逊. 经济学是如何忘记历史的:社会科学中的历史特性问题 [M]. 北京:中国人民大学出版社,2008:92.
③ 卡尔·门格尔. 社会科学方法论探究 [M]. 北京:商务印书馆,2018:107.

和无用的实际材料"①，无法深入到肤浅的表面背后去探究其中隐藏的本质。因此，纯粹历史的方法具有局限性，其要比演绎方法明显地狭隘。"在德国经济学中，至少在历史学派经济学中，抽象思考之艺术，不论其深度和创造性，也不论其是否得到广泛的经验支持……始终被认为是次要的，其意义远不如史料汇编。"②

门格尔在运用抽象演绎法时，选择个人作为经济学研究的出发点，并对历史学派的"国民经济学"范畴进行了批判。门格尔认为，"国民经济"只能指一个国家内个体经济的总和，它本身并不是一个经济体，它是由个体经济通过交易彼此紧密联系而构成的综合体。真正的、严格意义上的"国民经济"，"只有作为整体的国家（不管是直接地还是间接地通过国家官员）确实是经济活动主体时"③且"只有当可获得的财货确由被视为整体的国家所支配时"④才能够谈论，而这些条件在当时的现实经济中显然是不具备的。

2. 庞巴维克从经验主义立场出发指出"历史的方法"的局限并对其改进

门格尔之后，同属奥地利学派的庞巴维克（Eugen Bohm - Bawerk）进一步从经验主义出发阐释了"历史的方法"的缺陷。他认为，经验主义方法可以分三种：一是从经济历史中获得作为理论基础的经验事实；二是从统计中得到经验事实；三是以简单的非正式的观察直接从日常生活中得到经验事实。前两种方法，即历史和统计的方法在德国历史学派中最为流行，但是"它们只能抓住那些较大的和较明显的事实"⑤，许多经济中更基本的事实常常被忽略了。庞巴维克认为，合理的方法体系既要采用抽象方法对一般性理论与概念进行探讨，又要结合上述三种方法取得经验，"理论都是以真实的、由经验得来的原理为根据的"⑥，即"形式是抽象的，但实质是经验性的"⑦，这相较历史学派对同一问

---

① 约翰·内维尔·凯恩斯. 政治经济学的范围与方法 [M]. 北京：商务印书馆，2017：211.
② 卡尔·门格尔. 社会科学方法论探究 [M]. 北京：商务印书馆，2018：50.
③ 卡尔·门格尔. 社会科学方法论探究 [M]. 北京：商务印书馆，2018：227-228.
④ 卡尔·门格尔. 社会科学方法论探究 [M]. 北京：商务印书馆，2018：228.
⑤ 庞巴维克. 资本实证论 [M]. 北京：商务印书馆，1983：37.
⑥ 庞巴维克. 资本实证论 [M]. 北京：商务印书馆，1983：36.
⑦ 庞巴维克. 资本实证论 [M]. 北京：商务印书馆，1983：38.

题的研究方法更具合理性。

（二）新历史学派对奥地利学派攻击的回应和对"历史的方法"的辩护

奥地利学派对历史学派的批判正中要害，"历史的方法"本身存在着内部的不一致性。一方面，"历史的方法"强调历史特殊性，反对理论的"普世性"，但历史事实、数据又不可能脱离于一般性的概念与理论而单独存在。在罗雪尔等历史学派学者的学说体系中，之所以没有对一般性概念与理论的探讨，是因为他们把前人的概念与理论作为既定的前提，而并不是说历史事实和数据可以脱离于一般性概念与理论而单独存在。施穆勒回应了奥地利学派对历史学派的批判，他反对门格尔的观点，维护"历史的方法"，由于其学说及方法体系仍坚持旧历史学派的基本原则，但又根据历史条件和经济学的发展演变加入了一些新的内容，因此被称为"新历史学派"的代表。

1. 通过对一般性规律与历史事件关系的解释论证"历史的方法"的合理性

关于一般性规律与历史事件的关系，新历史学派学派认为，不是前者解释后者，而是后者产生前者。新历史学派承认规律的存在，但是否认人类社会发展的一般性规律，认为特殊的国民经济体在特定的自然、历史、文化及技术条件下会形成自身特殊的运行与发展规律。即使新历史学派中有些学者同意可能存在适用于所有经济体的所谓"普适性"规律，但认为大多数情况下它们并非最终真理，"我们可以尝试提出一条关于经济，甚至关于人类社会进步的一般公式……然而，这类规律却始终与自然科学研究者所说的真实定律大不相同。那些被人们不无仓促地称作历史规律的东西，要么是常常很有问题的概括，要么是简单、陈旧的心理学真理"[①]。因此，不仅不可能存在超越历史和国别的一般性规律，更不可能用所谓的一般性规律解释丰富的历史事件；相反，规律是从历史事件中概括得到的，是构建在大量经验性内容之上的。

在一般性规律与历史事件的关系中，不仅历史事件是重要的，而且规律本身也是具有国度和历史特殊性的。历史学派认为重视历史事件的"历史的方法"

[①] 古斯塔夫·冯·施穆勒. 国民经济、国民经济学及其方法 [M]. 北京：商务印书馆，2017：84.

比门格尔追求一般性规律的抽象演绎法更具合理性:"一个国民经济学的崭新时代将要来临,但只能通过今天进行的历史——描述性材料的积累,而不是对已经蒸馏过一百遍的抽象旧教条进行再一次蒸馏。"①

2. 通过强调经济学的研究目的及因果关系论证"国民经济学"范畴的合理性

新历史学派通过强调因果关系的国度特殊性,否定了英法主流"政治经济学"将一般性理论和一般性规律作为经济学研究目标的论断。施穆勒认为,国民经济是"在一个国家内存在的单个和互相协作的经济体的统一总体"②。而国民经济学是描述和定义国民经济现象的科学,其试图把国民经济现象作为一个互相联系的整体来理解并寻找能解释它们的原因。以此为基础,国民经济学试图探究各个个别国民经济体之间的差异,辨别其在不同国度的不同组织形式。国民经济学研究的根本目的不在于找出通行于全人类的一般性经济规律,而在于找出某一国家经济发展的特殊条件和因素,说明其相互间的内在因果关系,并为经济的长远发展提供可行的政策建议。因此,新历史学派不仅否认一般性规律,也反对将经济学的研究目的界定为寻求一般性规律,认为以某一国家经济发展的特殊因果关系作为研究目标的"国民经济学"这一术语比以通行于全人类的一般性经济规律作为研究目标的"政治经济学"更为合理。

3. 批判门格尔的方法论个人主义,强调国度、制度等因果关系的整体性

门格尔把个体主义方法论作为寻求一般性经济规律的途径,其个体主义方法论主要集中在两方面:一是经济学研究的出发点在个人而非国民经济整体;二是把个人偏好与目标作为一般性的、普世性的"先验公理"。新历史学派通过强调因果关系的整体性对此做出了批判。

施穆勒承认门格尔关于"所有的经济现象都可以追溯到个人的经济活动"这一论断的正确性,但他认为并不能因此将个人作为经济学研究的出发点。"个人也是一个部分组成的整体……要寻根究底的话,所有单一事件都能分成更小

---

① 古斯塔夫·冯·施穆勒. 国民经济、国民经济学及其方法 [M]. 北京: 商务印书馆, 2017: 5.
② 古斯塔夫·冯·施穆勒. 国民经济、国民经济学及其方法 [M]. 北京: 商务印书馆, 2017: 12.

的组成部分。"① 个人虽然在经济中发挥着至关重要的作用，但孤立的个人并不存在，要理解个人的经济行为必须考察其所处的整体经济环境，经济学研究的出发点要将国民经济作为一个协调一致的生命有机体进行整体性的因果关系考察。

施穆勒认为门格尔的个体主义经济学中将个人偏好与目标作为既定假设前提也是存在问题的。门格尔使用"先验公理"概括人的需要和充分满足这些需要的努力，认为这是对每个人不言而喻的真理。但在这一假设前提下，他只强调了给定个体到制度形成的单一因果解释，这是对经济现象的"隔离分析"，忽略了制度对个人的重要信息反馈效应，这些信息往往会重构或改变个体行为者的目标或偏好。与门格尔不同，施穆勒强调双向因果关系解释，即个人行为会影响社会制度的形成及国民经济有机体的发展，社会制度及国民经济环境也会重塑个人的偏好与选择。不仅约定的制度和成文法律，而且不成文规则对人类行为也会有着显而易见、决定性的作用。在他的分析中，个人的习惯和行为与社会制度之间存在着双向互动关系，个人的偏好与目标不是既定的，"同他们帮助创建和维系的制度一样——需要因果解释"②。

（三）施穆勒以"历史归纳法"对"历史的方法"的补充和修缮

施穆勒不仅反对以门格尔为代表的奥地利学派的方法论主张，而且在回应奥地利学派对历史学派方法论攻击的过程中，提出了一套独特的用于论证和创造一种新的国民经济学学说的方法论体系，即"历史归纳法"，并将其看作历史主义研究方法发展的一个新阶段，后人称之为"施穆勒纲领"。

1. "历史"对于经济学的研究至关重要

施穆勒认为，国民经济学这门学科，要求勾勒一幅完整的国民经济的图像，要求根据时间和空间、范围和历史后果把握国民经济现象并说明其相互之间的因果关系，而历史为国家和国民经济学提供了"一种以往不曾存在过的、能使

---

① 古斯塔夫·冯·施穆勒. 国民经济、国民经济学及其方法 [M]. 北京：商务印书馆，2017：68.
② 杰弗里·M. 霍奇逊. 经济学是如何忘记历史的：社会科学中的历史特性问题 [M]. 北京：中国人民大学出版社，2008：133.

研究者在认识真实方面从乞丐变成富翁的经验材料"①。因此，历史研究应处于国民经济学最核心任务的中心位置。

2. "历史归纳法"即"施穆勒纲领"的主要步骤

如何进行国民经济学的历史研究呢？施穆勒认为，可以采取的正确做法是"1. 正确地观察现象；2. 对现象进行定义和分类；3. 通过寻找现象的原因解释它们"②。他把这一方法称为"归纳法"，即从对个别现象的观察出发，寻找能解释被观察现象的规律。对历史的归纳构成施穆勒方法论的主要特点。施穆勒认为，国民经济学研究的目的不在于构造经济规律，应使用特殊的历史研究方法，关注观察和记录现实的经济现象，将纷繁复杂的经济现象进行系统性归类，进而探寻解释现象的原因。

3. 强调归纳但不忽视演绎，主张归纳基础上的演绎

虽然强调归纳的作用，但施穆勒也深深意识到旧历史学派单纯归纳法的局限：只能概括经验事实，不能对这些事实作进一步分析。而"科学必须超越肤浅的表面现象"，对事物之间的因果关系进行探求。这就意味着在归纳的基础上，演绎并非毫无意义，"科学必须同时依赖于现象归纳与抽象演绎"。演绎必须有一个"充分的前提"，这个前提来自归纳。"观察和描述、定义和分类仅仅是准备工作而已"③，具备这种经验基础而后归纳出能解释现象的规律，在进一步运用归纳而来的、关于因果关系的规则时，需要演绎方法。演绎从属于归纳，是对归纳到的结论进行推论和验证的手段，"对由归纳得来原理的最终考验是，它能否在不断演绎运用中反复被证明为真"④。强调归纳但不忽视演绎的作用是以施穆勒为代表的新历史学派区别于旧历史学派方法论的一个重要特点。

(四) 总结：新历史学派"历史归纳法"的特点与局限

以施穆勒为代表的新历史学派较旧历史学派更加注重因果解释及强调归纳

---

① 古斯塔夫·冯·施穆勒. 国民经济、国民经济学及其方法 [M]. 北京：商务印书馆，2017：51.
② 古斯塔夫·冯·施穆勒. 国民经济、国民经济学及其方法 [M]. 北京：商务印书馆，2017：37.
③ 杰弗里·M. 霍奇逊. 经济学是如何忘记历史的：社会科学中的历史特性问题 [M]. 北京：中国人民大学出版社，2008：132.
④ 古斯塔夫·冯·施穆勒. 国民经济、国民经济学及其方法 [M]. 北京：商务印书馆，2017：74.

基础上的演绎,他们将整体作为重要维度引入研究方法,将国度、制度这些国民经济学的整体作为古典经济学个人主义方法论和一般性抽象理论的存在条件。作为对旧历史学派方法论的补充和修缮,施穆勒的"历史归纳法"虽然回应了奥地利学派的攻击,指出了门格尔个人主义本体论和方法论的问题,但新历史学派最终也未建立起一个适当性的替代方法论与理论框架,未能提出一个完整的图景来说明如何建立因果解释性理论,或者怎样得到核心概念体系,没有将从特殊整体中抽象出一般性、普遍性理论作为研究任务,与旧历史学派一样,最终也无法形成对经济现象抽象整体性、系统性的认识。同时,他们认识到了单纯归纳法的局限性,将演绎加入了方法论体系中,但在理论构建中却依旧过于依赖描述和归纳。

三、"最新的"历史学派创造并修缮的"历史导向方法论"

进入 20 世纪,施穆勒与门格尔的方法论大论战最终平息下来,对历史专题的研究与"历史的方法"探讨逐渐恢复常态,这场方法论之争虽未见分晓,却引发了后来学者对于方法论的深刻反思。施穆勒的学说观点与方法论体系被后继者发展下来,尽管这些新人物互相间在研究目标与研究方法上都存在差异,但他们有一个共同点:都遵循施穆勒最先坚持的基本原则——对历史过程的强调。为此,熊彼特将这类学者称为"最新的"历史学派,其中,重要的代表人物是马克斯·韦伯(Max Weber)与维尔纳·桑巴特(Werner Sombart),他们"为社会科学创造并修缮了一套历史方法论"[1]。

(一)韦伯以其社会科学方法论对历史学派方法的承继和扬弃

韦伯在社会科学研究及方法论探讨中既赞同历史学派对历史特殊性的强调,又认为历史学派方法论存在问题,他想要"把'历史的意识'与科学的求真从

---

[1] 杰弗里·M. 霍奇逊. 经济学是如何忘记历史的:社会科学中的历史特性问题 [M]. 北京:中国人民大学出版社, 2008:135.

理论上加以调和"①,为了避免早期历史主义者方法论中的错误,韦伯主张用更宽阔的视域对经济问题进行研究,提出了"理想类型"的研究方法。

1. 区分社会科学和自然科学并强调历史特殊性对于社会科学研究的重要性

韦伯对方法论的研究首先是从区别社会科学与自然科学开始的。在反对社会科学以一般性理论和规律为目标,强调历史特殊性的重要性这一点上,韦伯继承了历史学派的方法论传统。他认为,社会科学与自然科学一样,其研究对象都是实在。但自然科学研究的是整个宇宙有机体,是"任其自生自长的东西总和"②,其目的是发现自然规律;社会科学研究的是"有意义的文化事件或实在"③,文化事件中包含着价值与意义两种基本要素,其目的是认识这种实在的独特性质。由于研究对象的性质与研究目的的不同,韦伯反对人文社会科学研究中的自然主义倾向,反对在社会科学研究中追逐与自然科学一样的一般性理论与规律,相对于一般性而言,他更加关注社会现象及其历史过程的特殊性。"社会科学兴趣的出发点是围绕我们社会文化生活的现实的,亦即个别的形态"④,人们无法用自然科学的认识方法即建立精确的自然规律来达到对文化科学的认识目的,"对于精确的自然科学来说,'规律'愈普遍有效,它们就愈重要和愈有价值;而对于赋有具体前提条件的关于历史现象的认识来说,最一般的规律因为其内容最为空洞,所以也就最无价值"⑤。

2. 强调多元及双向因果关系,注重历史文化因素等与经济因素的相互作用

除对历史特殊性敏感外,韦伯还与施穆勒一样致力于发现现象间隐藏的因果关系,且强调对多元及双向因果关系的考察。韦伯认为,社会科学研究的基本任务在于对实在进行经验的因果分析以揭示其相互间固有的和可能的联系。因果关系是认识与解释实在的关键,"人们以一种因素在因果关系上或功能上对另一种因素的依赖性,或所有其余因素对于一种因素即经济因素的同样的依赖

---

① 马克斯·韦伯. 社会科学方法论 [M]. 北京:商务印书馆,2018:34.
② 马克斯·韦伯. 社会科学方法论 [M]. 北京:商务印书馆,2018:5.
③ 古斯塔夫·冯·施穆勒. 国民经济、国民经济学及其方法 [M]. 北京:商务印书馆,2017:8.
④ 马克斯·韦伯. 社会科学方法论 [M]. 北京:商务印书馆,2018:7.
⑤ 马克斯·韦伯. 社会科学方法论 [M]. 北京:商务印书馆,2018:34-35.

性，来解释文化生活中个别因素间恒常的共同作用和彼此的相互作用"①。在对因果关系探求的过程中，不能满足于单向关系的考虑，而要重视多元关系的作用。由于经济因素在所有因素中具有根本的重要性，每一种力图做出的因果解释都必须首先考量经济条件。在因果解释中不仅要关注正向因果关系，而且不能忽略反向因果关系的作用。

3. 对历史学派整体主义、价值判断、忽视概念等方法论传统的批评

韦伯赞同早期历史学派某些观点的同时，也承认历史的理论与方法论框架存在问题。首先，韦伯拒绝接受历史学派将国民经济比作生命有机体的观点，认为这是受到德国唯心主义哲学，特别是黑格尔式的"整体宇宙的有机生活"的影响，是一种特殊的自然科学思维模式。他赞同门格尔的一些个人主义主张，认为因果效应只存在于个体之中，集体只是个体行动所合成的组织模式，"个人"是所有存在物之中唯一能够解释的"可理解的存在"，"正是'个人'的最内在的因素，规定我们的行动、赋予我们的生活以意义的最高和最终的价值判断"②。

其次，韦伯反对施穆勒等历史主义者将事实判断与价值判断、经济分析与经济政策混合在一起的做法，认为经济学作为文化科学是一门客观的经验科学，经济学研究中必须保持"客观性"与"价值中立"，因果分析是不提供价值判断的，进行价值判断也绝不是因果解释。

最后，韦伯也意识到了历史学派方法论中对概念的忽视，他批判实证主义的方法论传统，认为理论不可仅凭经验研究而获得。"概念其实是并且只有它才能是达到由理性支配经验材料的这个目的的思想工具"③，对社会文化现象进行概括，无论概括的现象数量有多少、范围有多大，都无法解决社会文化问题。有效的概括与判断总是以对直观的逻辑加工，亦即运用概念为前提条件的，"规则"和概念是历史研究的前提和手段。

---

① 马克斯·韦伯. 社会科学方法论 [M]. 北京：商务印书馆，2018：24.
② 马克斯·韦伯. 社会科学方法论 [M]. 北京：商务印书馆，2018：7-8.
③ 马克斯·韦伯. 社会科学方法论 [M]. 北京：商务印书馆，2018：63.

4. 以抽象一般性的"理想类型"演绎具有历史特殊性"实在"

与旧历史学派、新历史学派都强调历史事实的特殊性、反对抽象一般性理论的方法论主张不同,韦伯所力图构建的"理想类型"具有抽象一般性的特征。通过构建抽象一般的"理想类型"演绎具有历史特殊性的现实,从而达到对现实的认识,这种认识路径具有显著的抽象-演绎性质。当然,这种抽象一般性的"理想类型"并不是社会科学研究的目标,社会科学研究的目标仍然是历史特殊性,"理想类型"是帮助社会科学研究历史特殊性的中介"思想图像"。

韦伯认为,社会经济认识的目的是通过寻找合乎规律的重复的因素,从实在的文化意义和因果关系上认识实在是否能够实现或是无关紧要的。实在本身处于无限多样化的因果联系之中,要想理清这些混沌的关系,就必须有一个前提认识,而各种前提认识的基本成分其实就是理论的概念结构,它是认识、解释实在的中介工具,"这种前提亦企图建立某种秩序,但不是实在的秩序,而是一种理想的秩序,因此人们并不企求它在实在中得到证明,而是让它提供达到实在认识的中介手段,而非这种认识本身"①。

"理想类型"是为了认识实在而构造的思想图像,它不是实在的因果关系本身,而是将混杂地存在于各个不同时代和国家的、其结果得到片面强化的某些特点,结合在一个自身无矛盾的体系之中,并将这个体系与人们理想图像中所表达出来的思想观念相联系。"这种思想图像因其概念的纯粹性不可能经验地存在于任何实在之中,它是一个乌托邦。"②"它具有纯粹理想的界限概念的意义,为了阐明实在的经验内容中某些有意义的成分,实在要用这种界限概念来衡量,并与之进行比较。"③ 历史研究的主要任务就是在每一个别的情况下确定实在在多大程度上接近或远离这种思想图像。当然,理想类型不是一成不变的,它具有相对性和短暂性的特点,随着对实际因果关系认识的深入,原有的理想类型不再奏效,需要构造新的理想类型以促进对实在的认识进展,由此不断接近历

---

① 马克斯·韦伯. 社会科学方法论 [M]. 北京:商务印书馆,2018:20.
② 马克斯·韦伯. 社会科学方法论 [M]. 北京:商务印书馆,2018:46.
③ 马克斯·韦伯. 社会科学方法论 [M]. 北京:商务印书馆,2018:49.

史的真实,"已经成熟的科学在事实上总是意味着对理想类型的超越"①。

韦伯既承继了历史学派对历史特殊性的强调,又融合了奥地利学派的个体主义方法论传统及其对抽象概念与理论的重视。在解释现象的因果联系之前,通过构建一个概念框架,"理想类型"作为一座桥梁架构起了经验调查与科学理论之间的联系,有助于更好地揭示与解释现象背后的因果关系。韦伯的研究为完善历史导向的方法论框架做出了突出贡献,但其仍不是完美的。"理想类型"具有强烈的主观主义和工具主义色彩,虽然概念框架中的各个要素均来自"对经验的合乎规则性的观察"②,但它们只是为了某种认识目的、从主观思维的综合中抽象出来的、不具有实在性的中介工具;而且韦伯对如何从理论上得出和从经验上构造、维护适当的理想类型也没有提供足够明确的方法论指导。

(二)桑巴特对"经验的历史"与"抽象的理论"的进一步协调

韦伯的学说观点与方法论主张影响了与其同时代的桑巴特。桑巴特的方法论是韦伯基础上的继续,在强调历史特殊性的同时进一步弥合了理论研究与经验调查之间的鸿沟,企图使历史与理论相协调。

桑巴特反对将科学的趋向划分为"抽象的理论"与"经验的历史"两个对抗性分支,主张将"抽象的孤立工作"与"仅收集事实的研究工作结合起来"。他认为国民经济学是关于经济生活的社会科学,而对理论的研究则是为了创立某种概念模型,经济生活诸现象的"规律性"需要借助于这种概念模型得以保持并发展。"经验的历史"研究中所占有的大量材料,只有借助于有秩序有系统的范畴才能使之灵活而富有生命力;"抽象的理论"研究只有在依历史特征划分的经济制度的范围中才具有意义。因此,科学的国民经济学需要将两种研究活动联合起来,"'理论'与'经验'的关系,和同一物的形态与内容一样,确定这一点,几乎是很平庸的事。"③

在强调"理论"与"经验"相结合的基础上,桑巴特以三类不同的经济概

---

① 马克斯·韦伯. 社会科学方法论 [M]. 北京:商务印书馆,2018:61.
② 马克斯·韦伯. 社会科学方法论 [M]. 北京:商务印书馆,2018:63.
③ 桑巴特. 现代资本主义(第一卷)[M]. 北京:商务印书馆,1958:6.

念对国民经济的一般性与特殊性做出了区分："1. 通用的基础概念……适用于所有经济体系；2. 基础的历史概念……仅适用于特定的经济体系；3. 附属概念……与特定的研究思路相联系而创建的。"[①] 三类概念的划分为历史学派解决历史特定问题提供了一个基本框架，在这个概念框架中既包含一般性假设前提，又可与特定国家的特殊历史条件相协调。熊彼特对桑巴特的体系予以高度评价："他的著作是理论化的历史，重点在于推理，同时又是系统化的历史，强调体系，有如社会形态的连环画的那种体系"[②]。

（三）总结：以历史特殊性为导向的抽象—演绎路径

在反对社会科学以一般性理论和规律为目标，强调历史特殊性的重要性这一点上，韦伯和桑巴特都继承了历史学派的方法论传统。但对于如何达到对具有历史特殊性的实在的科学认识，他们提出了与新旧历史学派"重经验归纳、反抽象演绎"的方法论传统完全不同的路径，即借助"抽象的理论"来认识"经验的历史"。韦伯主张构建抽象一般的"理想类型"演绎认识具有历史特殊性的实在，桑巴特主张借助"概念化的模型"解释"特定历史类型"。韦伯和桑巴特的方法论可称为"历史导向方法论"，即抽象理论的研究要以历史特殊性为导向，对历史的研究要借助抽象的理论，从而达到"理论化的历史"或"历史的理论化"。

具体来看，韦伯与桑巴特的方法既有对历史学派方法论的继承，又有对历史学派方法论的补充与完善。首先，他们继承了历史学派整体性的分析范式，但其将社会作为一个整体，突破了新旧历史学派国民经济学的范畴，将研究整体的范围延伸到了经济生活之外；其次，他们将历史学派的双向因果互动发展为多向，探讨了文化、政治、制度等因素与经济因素的相互作用；最后，他们以个体人作为研究的出发点，但这个个体人不是门格尔假设的"抽象的人"，而是文化、经济、制度等多种因素交互作用下"历史的人"。将个体人的经济活动

[①] 杰弗里·M. 霍奇逊. 经济学是如何忘记历史的：社会科学中的历史特性问题 [M]. 北京：中国人民大学出版社，2008：149–150.

[②] 熊彼特. 经济分析史 [M]. 北京：商务印书馆，2015：103.

放在整体的社会框架内，多角度、多元化、系统性地探索现象背后深层次的因果关系。至此，"历史的方法"框架在韦伯、桑巴特的发展中逐渐创立并完善起来。

四、德国历史学派方法论演进的当代价值和启示

党的十八大以来，习近平总书记提出了创建中国特色社会主义政治经济学的历史任务，后在多个场合多次强调坚持中国特色社会主义政治经济学的重大原则、坚持和发展中国特色社会主义政治经济学的重要性，因此，探索符合中国实际的中国特色社会主义经济理论体系已成为当今中国经济学研究的时代主题与紧要任务。德国历史学派的学说主张与方法论体系，实际上是对构建德国国家经济学的一次尝试，通过其独特的方法论体系支撑了德国经济学理论的演进，也为德国资本主义经济的发展提供了理论指导。当前重新反思德国历史学派方法论的演进轨迹，剖析各阶段之间的联系与区别、特点与局限，不仅可以对现代经济学的发展提供方法论视角的反思和启示，也在一定程度上为中国政治经济学的建构提供有益参考与经验借鉴。

（一）德国历史学派对方法的探讨为经济学理论的发展提供了方法论视角

旧历史学派产生于对英法古典经济学一般性理论的否定之中，他们强调经济理论的特殊性与国度性，但只强调对特殊性的描述和归纳，使其无法形成对特殊现象抽象整体性和系统性的认识。奥地利学派的门格尔看到了旧历史学派方法论的问题。新历史学派在对奥地利学派批评的反击中，试图突破旧历史学派方法论的局限，主张将现象放在整体中进行研究，但其仍是就现象讨论现象，整体也是现象的整体，没有从抽象的维度解决整体性的问题，这使得历史学派方法论的局限始终无法克服。直到韦伯、桑巴特时期，历史学派才从强调特殊性、缺乏整体性，逐渐过渡到注重整体性、系统性，最后将整体视阈扩展到经济生活之外的文化、政治生活等社会领域，具有历史特殊性的个体与抽象的整体才真正得以结合，方法论的缺陷才逐渐得以完善，对抽象的一般性理论与以

抽象的个体人为研究出发点的抽象经济学的否定才真正具有了意义。

德国历史学派之所以能够产生并非由于具有什么新的理论创见,而是由于其通过对方法的探讨,强调国别和历史的特殊性,从而为落后的德国开辟出一条独特的发展路径,也正是因为独特的"历史的方法"支撑着德国历史学派不仅成为德国经济学的代表,而且成为资本主义经济学的重要分支。作为德国官方经济学学派,历史学派的发展与演变不仅为德国经济发展提供了理论基础,也为德国经济学研究提供了方法论指导;而且从方法论的角度探讨了主流经济学抽象演绎法的局限和一般性理论的缺陷,为经济学理论的演变提供了一个新的视角。实际上,奥地利学派通过对"历史的方法"的批判提出经济学理论体系,以施穆勒为代表的新历史学派和以韦伯为代表的"最新"历史学派也通过对方法论的探讨和完善将经济学研究的视阈扩展到了与经济现象相关的法律、伦理、制度、文化、历史等领域,扩展了经济学的研究对象,弥补了主流经济学的缺陷,对于后来现代经济学形成"规范经济学"和"实证经济学"两大研究范式具有重要的推动意义。

(二) 中国政治经济学的研究应强化对现代主流经济学的系统性反思和批判

自然科学兴起、科技革命发展,对人类社会产生了深远影响,人们往往将自然科学作为科学的"模板",经济学等社会科学为了论证自身的"科学性",倾向将自然科学的研究方法引入对特殊经济现象的分析中,并将找到可以囊括一切经济事实与经济规律的一般性理论作为理想目标。历史学派的产生及其对方法论的探讨正是对这一趋势的质疑,其主要从两个方面着手:英法古典经济学的一般性理论不适用于特殊的德国;科学合理的经济学方法论应该给予历史特性问题更多关注。经历了旧历史学派、新历史学派及"最新的"历史学派三个阶段,"历史的方法论"框架不断完善,历史学派内部也逐渐达成了共识。要强调各个国家、不同经济发展阶段的历史特殊性,但不能陷入纯粹经验主义的误区,经验需要依赖于概念与理论才能得到解释;要对一般性理论与概念进行探讨,但不能陷入纯粹追求一般性理论的误区,理论与概念需要建立在对大量经验占有的基础之上。纯粹的抽象演绎与纯粹的经验现象归纳都是有问题的。

正如凯恩斯（John Neville Keynes）所说："合理的方法既是抽象的，也是现实的；既是演绎的，也是归纳的；既是数学的，也是统计的；既是假说的，也是历史的。"[①] 历史学派之后，历史与现实、理论与经验相结合的方法基本被普遍接受，但现代主流经济学在发展过程中却仍旧表现出对历史特性及经验归纳的忽略。德国历史学派方法论的演变及其对历史特性及多元因果关系的重视可以为现代主流经济学理论的多元化及其方法论重构提供新的思路。

社会主义政治经济学的研究构建于对资本主义政治经济学的批判和反思基础上，包括《资本论》在内的马克思政治经济学批判系列研究成果都构成了社会主义政治经济学的一部分。但在马克思之后，特别是二战后，资本主义在自由放任体制基础上引入宏观调控体系、转向市场经济，这种系统性的反思和批判就减少了。中国改革开放以来，明确提出建立社会主义市场经济体制，但是由于缺乏发展市场经济的经验，因此对待以"现代经济学""西方经济学"名义出现的现代主流经济学的态度更多是学习、借鉴和吸收，对现代主流经济学的系统批判也几乎停止了。德国历史学派方法论的演进为现代经济学的发展提供了方法论反思，中国政治经济学的建构也应该加强对现代主流经济学的反思与扬弃。

（三）中国政治经济学的建构应在方法论上强调国别和历史的特殊性

新中国成立70多年来，中国在逐步探讨属于自己的国家经济学体系。新中国成立初期，受"苏联模式"的影响，苏联政治经济学成为中国社会主义经济建设的指导理论，在其指导下中国经济既取得了一定成效但也出现了一系列矛盾与问题。改革开放后，随着苏联解体，苏联政治经济学逐渐淡出，欧美资本主义经济学以"现代经济学"的名义被引入，并被当作一般的、普适性理论一度成为中国经济学的主流，为中国经济改革提供了思路与方向。但是以普适性经济理论为指导，学习和照搬发达国家的发展路径，对于后发国家来说不仅因为现实条件制约而不可能实现，甚至可能落入发达国家为后发国家设定的发展

[①] 约翰·内维尔·凯恩斯. 政治经济学的范围与方法 [M]. 北京：商务印书馆，2017：12.

"陷阱"之中。德国历史学派之所以产生就在于李斯特等经济学家认识到，在英法资本主义经济已经得到先发优势的现实条件下，相对落后的德国按照英法古典政治经济学的理论主张只能延续和强化其落后局面。因此，历史学派强调国别和历史的特殊性。

现代主流经济学不断发展与演变中在方法论上没有改变强调普适性和抽象一般性的特点，从斯密提出"经济人"假设到奥地利学派的"个人主义"方法论主张，后来的主流经济学基本形成了在理性经济人假设前提下，借助逻辑演绎推理展开论述的方法论体系，特别是数理经济学、计量经济学等分支学科出现后，这一趋势表现更为明显。通过构建数学与计量模型实现对现实经济问题的解释与对未来趋势的预测，经济人完全是抽象的人、脱离历史与现实的人，"经济理论完全是一种逻辑推理体系，它来自一系列由内省所导致的假设，它们本身不以经验的证实为条件"[①]。因此，以"现代经济学"名义被中国引入和学习的主流经济学仍然忽视对现实的人及现实经济问题的历史特性、国别特性的复杂因果关系的关注，呈现出形式化、片面化的倾向。而长期的历史实践证明，中国的经济实践具有自身的国度特殊性与历史特殊性，欧美经济学理论在指导中国经济发展过程中并非良策。基于长期的历史经验与教训，中国要在未来的经济实践中获得更大发展，需要建构具有自身国度特殊性与历史特殊性的中国政治经济学，一方面总结特殊的发展经验，另一方面针对特殊的历史和条件提出发展的主张，探索适合自己的发展道路与理论体系，以符合自身实际的国家经济学体系指导改革与发展的实践。

（四）对德国历史学派方法论的借鉴不能脱离中国政治经济学的主体性

德国历史学派方法论的演进轨迹能够为中国政治经济学建构提供的参考和借鉴只局限于其对国别、历史特殊性的强调以及通过完善方法论作为经济学理论发展的条件。对德国历史学派方法论的借鉴不能脱离中国政治经济学的主体性。

---

① 马克·布劳格. 经济学理论的回顾（第五版）[M]. 北京：中国人民大学出版社，2009：552.

德国历史学派产生于英法资本主义经济学已经发展并且形成了强调普世价值的主流经济学时期，由于资本主义制度的确立，资产阶级和无产阶级的对抗已经凸显，主流经济学也已经走向了以辩护为目标的庸俗化时期。强调历史特殊性和国别特殊性的德国历史学派对于德国资本主义经济的确立和发展确实起到了作用，但也正是其经济学的资产阶级主体性制约了历史学派经济学理论体系的建构。因此，虽然历史学派在方法上独辟蹊径，但是在理论上并无过多建树，"德国人在资产阶级经济学衰落时期，也同在它的古典时期一样，始终只是学生、盲从者和模仿者，是外国大商行的小贩"①。中国政治经济学之所以能够在理论体系上建构起来则在于中国政治经济学以劳动者为主体，在于以劳动者为主体的中国社会主义制度和中国特色社会主义经济的发展经验，德国历史学派以资产阶级为主体的理论体系与框架体系不适合于中国政治经济学以劳动者为主体的体系构建。

参考文献

1. 刘永佶. 黑格尔哲学 [M]. 北京：中国社会科学出版社，2017.

2. 杨春学. 国家主义与德国历史经济学派 [J]. 社会科学战线，2020（06）：35-46.

3. 杰弗里·M. 霍奇逊. 经济学是如何忘记历史的：社会科学中的历史特性问题 [M]. 北京：中国人民大学出版社，2008.

4. 弗里德里希·李斯特. 政治经济学的国民体系 [M]. 北京：商务印书馆，1983.

5. 刘永佶. 政治经济学方法史大纲 [M]. 河北：河北教育出版社，2006.

6. 威廉·罗雪尔. 历史方法的国民经济学讲义大纲 [M]. 北京：商务印书馆，1986.

7. 约翰·内维尔·凯恩斯. 政治经济学的范围与方法 [M]. 北京：商务印书馆，2017.

8. 马克思. 资本论（第一卷）[M]. 北京：人民出版社，2004.

---

① 马克思. 资本论（第一卷）[M]. 北京：人民出版社，2004：18.

9. 卡尔·门格尔. 社会科学方法论探究［M］. 北京：商务印书馆，2018.

10. 庞巴维克. 资本实证论［M］. 北京：商务印书馆，1983.

11. 古斯塔夫·冯·施穆勒. 国民经济、国民经济学及其方法［M］. 北京：商务印书馆，2017.

12. 马克斯·韦伯. 社会科学方法论［M］. 北京：商务印书馆，2018.

13. 马克斯·韦伯. 新教伦理与资本主义精神［M］. 北京：社会科学文献出版社，2010.

14. 马克斯·韦伯. 罗雪儿与克尼斯 历史经济学的逻辑问题［M］. 上海：上海世纪出版集团，2009.

15. 桑巴特. 现代资本主义第一卷［M］. 北京：商务印书馆，1958.

16. 熊彼特. 经济分析史［M］. 北京：商务印书馆，2015.

17. 马克·布劳格. 经济学理论的回顾（第五版）［M］. 北京：中国人民大学出版社，2009.

（作者单位：内蒙古财经大学经济学院；河北工程大学管商学院）

西方马克思主义经济学研究的有益借鉴

——评《西方马克思主义经济学新发展——积累的社会结构理论视角》

颜鹏飞

《西方马克思主义经济学新发展——积累的社会结构理论视角》这本专著的作者是两位来自"彩云之乡"的年轻人——云南师范大学罗丹与云南大学王守义两位副教授。《云南通志》载："汉武年间,彩云见于南中,谴吏迹之,云南之名始于此。"该书色彩斑斓的理论特征,在于系统研究了美国积累的社会结构学派(Social Structure of Accumulation,SSA)理论的创立过程;系统研究了新自由主义时代积累的社会结构理论的全球化发展与演变;系统研究了金融危机时期积累的社会结构理论作为重要的理论分析工具,如何推动制度演化政治经济学发展及其自身理论分析方法和内容的完善;系统研究了后金融危机时代积累的社会结构理论的新应用,以及金融资本与产业资本间关系的历史发展;等等。从而为解释资本主义频繁发生的严重的经济危机提供了一个合理诠释的平台,并且从一个新的视阈,厘清当代西方马克思主义经济学的发展趋势,其中包括对制度演化政治经济学的理解,有助于我们吸收借鉴西方马克思主义经济学研究的有益成果,从而推动中国特色社会主义政治经济学理论体系的发展与完善。

积累的社会结构理论是目前西方非正统经济学重要分支即美国激进经济学领域最重要的理论创新之一,是西方马克思主义"制度演化政治经济学"的核心理论分析工具之一。这一切与美国激进经济学和《每月评论》（Monthly Review）杂志编辑保罗·斯威齐（Paul Marlor Sweezy，1910—2004）有很深的学术渊源关系。1991年，我利用中美经济学教育交流委员会和福特基金会的资助，赴美国进行关于西方马克思主义经济学尤其是激进经济学的研究。密执安大学还为此慷慨提供了专项资助，尤应提及的是，斯威齐热情提供了有关资料和研究思路，开列了一大堆书单。在1996年出版的《激进政治经济学派》"后记"中，我表示了由衷的谢意。

1978年，大卫·戈登（David Gordon）在论文集《危机中的美国资本主义》发表《漫漫滑行道上的升与降》一文，首次提出积累的社会结构概念。美国著名马克思主义经济学家大卫·科茨（David Kotz），澳大利亚著名马克思主义经济学家菲利普·安东尼·奥哈拉（Phillip Anthony O'Hara）以及沃尔夫森（Wolfson）等发展了这一理论。从某种意义上讲，派别林立是理论繁荣的一个象征。众所周知，SSA有两种派别类型，可以区分为自由主义（自由市场）派别类型与规制的派别类型。在前一种类型的SSA中，强调市场关系和市场力量在调节经济活动中的作用，非市场机构，如国家和工会的作用有限。在后一种类型的SSA中，非市场机构在调节经济活动方面发挥积极作用，市场关系和市场力量作用有限。此外，规制的SSA是基于资本和劳动互相妥协的，而自由的SSA强调资本对劳动的统治。二战后的SSA往往被视为规制的SSA派别，而当前的SSA则是自由主义的类型派别。毋庸置疑，自由主义的SSA往往削弱国家宏观调控商业和经济的能力。自1980年以来，长期的自由化和私有化过程大大削弱了国家力量，如今想在长期的自由化和私有化之后重新加强政府作用，任务可谓艰巨。

SSA理论遵循马克思主义基本原理和唯物史观，对资本主义经济运行中存在的现实问题进行分析研判，较好地分析了资本主义经济发展不同阶段的制度性差异和变化逻辑，逐步发展出针对制度结构这一中间层次进行分析的理论体系。在他们看来，当经济和政治制度有利于资本积累时，就会产生"正常的"经济扩张。这种SSA制度可以在数十年中促进正常的经济扩张，但最终走向反面，乃至于导致停滞和（或）宏观经济不稳定，亦即"长期经济危机"，如19世纪70年代至19世纪90年代、20世纪30年代和70年代以及2008年的次贷危机。而这种危机只能通过在资本主义范围内建立新的SSA制度结构才能解决，SSA制度因此不断拓展理论研究的对象和方法，日益成为西方制度演化政治经济学的主要分析工具之一，已经在劳动史、劳资关系分析、宏观经济学、金融关系、政府管制、国际经济学政党重组以及一般的经济史等多个领域得到运用。

与法国调节学派进行横向比较，不难发现，积累的社会结构理论与法国调节学派理论有很多相似之处：二者都使用了中间层次分析方法，即制度主义的分析范式，研究了资本主义经济的"积累体制"，这两个流派大都期待用社会主义取代资本主义，但他们提出的理论是资本主义内部社会改革进程的理论。应该指出，两个学派及其理论有所区别，有所差异：二者的理论定位有很明显的差异——一个过于强调结构性，另一个过于强调自愿。严格地讲，法国调节学派运用生物进化论思想作为该理论的方法论指导，是属于演化经济学派的一个分支，而美国积累的社会结构学派是激进经济学的一个分支，隶属于西方非正统经济学。值得期待的是，SSA理论如果能够不断完善自身的理论体系，提供解读世界经济发展大趋势的新思考，无疑具有很大的理论价值，并具有一定的现实意义。

本书的相关研究有助于我们进一步认识当代资本主义发展的阶段性特征及未来发展方向，为我们厘清当代西方马克思主义经济学新发展提供了良好的视角和研究素材；积累的社会结构理论对制度结构演变的分析，有助于我们在新时代更为合理地构建起推动中国经济高质量发展的体制和机制；而西方马克思主义经济学发展的有益理论成果，对于持续推动新时代中国特色社会主义政治经济学发展与理论体系的完善有着极为重要的借鉴价值。

（作者单位：武汉大学）

稿约

《经济思想史研究》主要发表经济史、经济思想史学科的论文、译文、综述、书评以及经济学家学术访谈。本刊欢迎马克思主义政治经济学思想史、西方经济学思想史、中国古代和近现代经济思想史、中国当代经济思想等各个学科门类的研究作品。2022年，本刊入选中国人文社会科学期刊AMI综合评价集刊入库期刊。

本刊只接收电子邮件投稿，来稿以1万至2万字为宜，欢迎长稿。来稿请发送至编辑部电子邮箱（jjsxsbjb2018@163.com），我们将在收到稿件之日起一个月内通知作者是否录用，在此期间请勿另投他处，否则由此引起的一切法律责任由作者自负。

本刊采用匿名审稿制度，作者信息请单独附页，正文中请勿出现一切有可能泄露作者身份的信息。

欢迎您的来稿，感谢您对本刊的关注和支持！

《经济思想史研究》编辑部
2023年3月